ヘンテコ映画レビュー

ODD CINEMA REVIEW by Yoshiki Takahashi

高橋ヨシキ

はじめに

人間には、一風変わったものや珍しいもの、普段と異なるものを目にしたい、という根源的な欲求があります。それを好奇心が生まれるきっかけとみなすこともできるし、そういう気持ちが既に好奇心の一部なのだ、という見方もできるでしょう。

このことは人間の適応力の高さと関係しているかもしれません。適応力が高いということは、何にでもすぐに慣れてしまうということでもあります。世界は本来的に驚異に満ちているのですが——というか、存在自体、驚異としか言いようがない——我々はそのことをしばしば忘れがちです。決して同じ日などないにもかかわらず「日々の繰り返し」に倦み、「日常」の「退屈さ」に飽き、そして……そして、完全に無意味なばかりか、自分の存在意義を貶める禁断のひと言を口にしてしまう。「何か面白いことはないかなあ」と。

方法は違えど、アートやサイエンスはそのような精神の無風状態に対するカンフル剤として機能します。退屈なのはお前自身なのだ、とそれは教えてくれます。

本書は『ヘンテコ映画レビュー』という題名ですが、ここで言う「ヘンテコ」は決して悪い意味ではありません。ぼくに言わせれば、すべての映画はどこかしらヘンテコなものです。というか、考えてみれば「映画」そのものが、さまざまなヘンテコさが幾重にも重なってできているのではないでしょうか？　連続して投影される静止画が「動いている」という錯覚をもたらすことがそもそもヘンテコだし、スクリーンに映し出される見ず知らずの人の架空の人生に一喜一憂させられることも、とてもヘンテコなことです。四角い枠の中に、物や人が唐突に大きく映ったり小さく映ったりするにもかかわらず、ひと続きの物語を構成していると理解できるのだって、ヘンテコとしか言いようのないことです（それが訓練によって獲得された能力だとしてもです）。

決して現実にはあり得ないと知りつつ、虚構に虚構を重ねた「映画」に夢中になることが原理的にきわめてヘンテコであることについても自覚しておく必要があります。何もかも、ヘンテコとしか言いようがないことです。

この本で取り上げている作品には、分かりやすい共通項はありません。ぼくはジャンル映画が好きなので、ＳＦやホラー、またバイオレンス的な作品が多いのは事実ですが、全体を総称するならば「ヘンテコ映画」と呼ぶしかないと思います。

もともと「ヘンテコ映画レビュー」は、ぼくのメールマガジン『高橋ヨシキのクレイジー・カルチャー・ガイド！』の１コーナーとして、折に触れて書いてきたものです。取り上げている映画はその時々に「この映画のヘンテコな面白さをぜひ伝えたい」という気持ちで選んだもので、「新作だから」とか「話題作だから」、あるいは「何かしらのジャンルに属しているから」というような基準は特にありません。どの時代の、どのジャンルの映画にもヘンテコな要素は常にあります。それは大人気作品でも、あまり話題にのぼらない作品でも同じです。ジャンルやカテゴリーでくくることのできない、その作品固有のヘンテコさが持つ意外性や楽しさは限りなく魅力的です。

インターネット時代（って言い方もどうかと思いますが）の今、世の中には無数のレビューやランキングが溢れています。そういうものの多くは「何の映画を観たらいいかな」と思っている人にとって羅針盤のような役割を果たすことを求められているし、実際、そのような目的で書かれているものも多くあります。

本書の意図はそういうところにはありません。もちろん、取り上げているヘンテコな作品を観てもらいたい気持ちがないわけではありませんが、それより「ヘンテコさ」というものの普遍的で根源的な楽しさについて、考えたり感じたりするきっかけになれたらいいなと思っています。

「ヘンテコさ」は何の役にも立たないかもしれませんが、「ヘンテコさ」は自由な精神の反映であり、また「ヘンテコさ」を見いだす心のうちには喜びがあります。個々の作品の「ヘンテコさ」をじっくり味わっていった先には、ジャンルやランキングに囚われないで「映画を観ること」の楽しさが広がっています。

文字通り「何だってあり」の、「ヘンテコ映画」の世界へようこそ。ここは驚異が支配する世界です。

CONTENTS

CONTENTS

■ＱＲコードについて

本書では、内容をより楽しんでいただけるよう、本文中にＱＲコードを掲載しています。スマートフォンなどのアプリで読み込むと、リンクされたＷＥＢサイトが開きます。

なお、これらのＱＲコードは２０２１年４月末現在のものです。今後、リンク切れとなる可能性もございますので、あらかじめご了承ください。

生きているということの驚異

ラオ博士の7つの顔

1964年／米／監督：ジョージ・パル／出演：トニー・ランドール、バーバラ・イーデン、アーサー・オコンネルほか

『ラオ博士の7つの顔』は1964年のジョージ・パル監督作品です。ジョージ・パルは『地球最後の日』（1951年）や『宇宙戦争』（1953年）、『宇宙征服』（1954年）や『タイム・マシン／80万年後の世界へ』（1960年）などで知られる映画プロデューサー／監督であり、また、可動式のモデルではなく、1つ1つわずかに違う形に造形されたモデルを「置き換えて」アニメートする「パペトゥーン」の考案者でもあります。モデルを置き換えるパペトゥーンは、関節を持つ人形と違ってその形状自体をダイナミックに変化させることができるので、立体でありながらまるで手書きのアニメーションのようなデフォルメが可能、という特

徴があり、その映像がもたらす驚きは今観てもとても新鮮です。

▶『ラオ博士の7つの顔』予告編

▶『宇宙戦争』予告編

▶『宇宙征服』予告編

▶『タイム・マシン』予告編

▶ジョージ・パルのパペトゥーン短編集2予告編

『ラオ博士の7つの顔』は、『宇宙戦争』や『タイム・マシン』のような大作ＳＦではなく、観たあとにとても爽やかな気持ちになれる、不思議でキュートでヘンテコリンな映画です。

物語は、西部のさびれた町に謎の中国人ラオ博士がロバに揺ら

『ラオ博士の7つの顔』予告編

『宇宙戦争』予告編

『宇宙征服』予告編

れてやってくるところから始まります。ラオ博士は飄々とした風情の、賢者なのにとぼけた感じもあるチャーミングな人物です。演じているのはトニー・ランドールという俳優さんで、彼はテレビドラマ『おかしなカップル』（おかしな二人）や、ホストを務めた『トニー・ランドール・ショー』などテレビで活躍したほか、1950年代から1980年代に至るまで、数多くの映画にも出演しており、その中には『ABC殺人事件』（1965年）や『キング・オブ・コメディ』（1982年）、またジョー・ダンテの『グレムリン2／新・種・誕・生』（1990年）などがあります（『グレムリン2』では頭のいい「ブレイン」グレムリンの声を担当していました）。

▶『おかしなカップル』オープニング（1970年）

▶『トニー・ランドール・ショー』オープニング

『おかしなカップル』オープニング

ジョージ・パルのパペトゥーン短編集2 予告編

『タイム・マシン』予告編

▶『グレムリン２』より「ブレイン・グレムリン」インタビュー場面

『ラオ博士の7つの顔』でトニー・ランドールはラオ博士だけでなく、「ラオ博士のサーカス」に登場するキャラクターのすべて、すなわち「雪男」「魔術師マーリン」「ティアナのアポロニウス（予言者）」「牧神パン」「巨大な蛇」それに「メデューサ」の全7役を演じています。ラオ博士のときは特殊メイクで中国人風の（あるいはアジア人風の）顔つきにしています。今ではこういう表現はほとんどなくなってしまいましたが、『ティファニーで朝食を』（1958年）のユニオシ（ミッキー・ルーニー）や、『レモ／第一の挑戦』（1985年）のチュン師匠（ジョエル・グレイ）を例に挙げるまでもなく、こうやって白人が東洋人を演じることがかつては多くありました。あるいは、東宝の怪獣映画で原住民の役を日本人が演じていたのを思い出すのもいいかもしれません。そういう表現に対する社会の受け止め方は、ここ

『トニー・ランドール・ショー』オープニング

「ブレイン・グレムリン」インタビュー場面

数十年で世界的に大きく変化しました。

▶『ティファニーで朝食を』よりユニオシ氏

▶『レモ／第一の挑戦』のチュン師匠

誰かが自分と異なる人種の役柄を演じる、ということについては、シェイクスピアの『オセロ』を筆頭に、その時々で提起されてきた問題、そしてもちろん、そのことが必然的に内包する人種差別や偏見に思いを馳せないわけにはいきません。ですが、全体として観たとき『ラオ博士の7つの顔』には、確かに人種的なステレオタイプはあるものの（「謎の東洋人」というのが既にステレオタイプです）、当のラオ博士のキャラクターの持つ軽やかさと叡智、それに加えてトニー・ランドールが牧羊神パンやメデューサなどいろんなものに変身しているため、そこまで差別的な印象は受けませんでした。ステレオタイプ自体を問題視するこ

『ティファニーで朝食を』よりユニオシ氏

『レモ／第一の挑戦』のチュン師匠

とは可能ですが、「白人が東洋人を演じた」という一点だけをつかまえてこの作品を「人種差別的だ」と難ずることは本質を見誤った議論になると思います。粗雑な基準で『ラオ博士の７つの顔』を断罪することは簡単ですが、それでは大事な部分がすべてこぼれ落ちてしまうとぼくは思います。リチャード・ドーキンスは著書『魂に息づく科学』（早川書房）の中で児童文学『ドリトル先生』シリーズについて、「現代の基準に照らせば、意識が高いとは言えない」し、「（『ドリトル先生』著者の）ヒュー・ロフティングが生きた１９２０年代は、今日の基準からすれば明らかに人種差別的だった」としながらも「それが及ぼしたプラスの影響は、彼の人種に関する無神経さという微罪を償ってあまりある」と書いていますが、『ラオ博士の７つの顔』のような映画についても、現代の目から見たときの難点と、作品がもたらすポジティブな影響のバランスを考えた上で評価する必要があります。

ラオ博士がやってきた町はアバロンといって、かなり荒れ果てたところです。この町を牛耳っているのはクリント・スタークという実業家で、ゴロツキを従えて言うことを聞かない人に嫌がらせをしたりしています。言うことを聞かない人物、というのは町で新聞社を経営するエドという正義感に溢れる青年です。スタークは「ここにはもう未来はないし、水道管も錆びついて使い物にならなくなるから土地と家を私に売ってくれ」と町の住民を説得しているのですが、エドはその背後に何らかの陰謀があるのではないかと疑っています。

事実、スタークには目論見がありました。アバロンの町の近くに、近い将来鉄道が開通することを彼は知っていて、それに伴う地価上昇を見込んで土地を買収しようとしていたのです。ラオ博士はエドの新聞社にやってくると、自分のサーカスの広告を新聞に載せてくれと依頼します。町はずれで、2晩だけサーカス公演を行うというのです。

アバロンの町には、まだうら若い未亡人で学校教師のアンジェラという人がいました（演じているのは『かわいい魔女ジニー』のバーバラ・アーデン）。エドはアンジェラに恋心を抱いているのですが、彼女はなかなか堅物で取り合ってもらえません。アンジェラの一人息子はマイクといって、サーカスのポスター貼りを手伝ったりする中で、彼はラオ博士のうちに失った父親の面影を見いだすようになります。これははっきりとそう描かれているわけではありませんが、だいたい映画において、父親不在の家庭に奇妙な人物や宇宙人がやってくるときは、それが父親の役割を代替するようになるのが定番です（『E.T.』〈1982年〉が良い例です）。

他にもいろいろなキャラクターが登場する『ラオ博士』ですが、最大の悪役はスタークで、エドがその陰謀を暴くことができるのかどうか？　というサスペンスが物語の軸になっています。ラオ博士はそんな事情を横目で見ながら、人を煙に巻くようなことを言ったり、干上がった河から生きた魚を釣り上げたりして呑気に過ごしているようです。とはいえ、エドの新聞社がスタークの手下に襲撃されてメチャクチャに破壊されたときは、不思議な魔法ですべてを元通りに直してくれました。

そうこうしているうちに週末がやってきます。貴重なエンターテインメントとあって、町はずれの小さなテントにアバロンの全住民が詰めかけます。ラオ博士のサーカスは小さなテントにもかかわらず、中はとても広いのですが、これはテレビ番組『ドクター・フー』に登場する電話ボックス型の時空移動マシン「ターディス」だとか、『スパイス・ザ・ムービー』（1997年）のツアーバスなんかと同じギャグです。

▶ **『ドクター・フー』のターディス「中は広いんだよ」コンピレーション**

▶ **『ドクター・フー』のターディス「中の方が広い」分かりやすいバージョン**（2：56あたりからご覧ください）

「中は広いんだよ」コンピレーション

「中の方が広い」分かりやすいバージョン

▶『スパイス・ザ・ムービー』予告編

ラオ博士のサーカスにはさまざまな演《だ》し物《もの》がありますが、あまり町の人の受けはよくありません。老魔術師マーリンは舞台に美しい花を咲き誇らせてみせますが、大した魔術じゃないとブーイングを浴びてしまいます（何もないところから植物がみるみるうちに生えたというのに！）。予言者アポロニウスはオールドミスの中年女性に「貴女には今後、男との出会いもないし、夢見ている宝くじも当たらないよ」と本当のことを言ってしまったせいで逆ギレされてしまいます。

　一方、ヒロインのアンジェラは、迷い込んだ小部屋で牧神パンの魔法のフルートの音色に魅せられ、これまで抑えてきた性欲が自分の中に湧き上がってくるのを感じます。ジョージ・パルの映画ですから非常に控えめな表現ではあるのですが、フルートの音に合わせてぐるぐると回転する画面の中でアンジェラの顔が上気し、首や胸元に汗が浮かんでくる描写は明らかにセクシャルな興

『スパイス・ザ・ムービー』予告編

奮を表現したものです。

悪党スタークは別の小部屋で大蛇と対面するのですが、不思議なことにこの蛇はスタークそっくりの顔をしていました。蛇はスタークにさんざん嫌味を言い、さらに「私の方が自由なんだ、お前は間違った考えでがんじがらめになって不幸な人生を送っているんだ」と罵倒します。スタークは当然ムッとしますが、しかし彼の中にも逡巡がありました。というのも、スタークもかつては新聞社のエドと同じく正義と希望に燃えた若者だったのですが、世間の荒波に揉まれるうちに「ちぇっ、世の中なんて不正と悪がはびこる最低の場所じゃないか、じゃあカネカネ言って、人の心を捨てた方が成功できるし、いい人生が送れる」と開き直って今のような人格になってしまった、ということがあったからです。こういうスタークのような人は、困ったことに現実にも結構いますよね。

ラオ博士のサーカスでは、他にもいろいろなことが起こります。たとえば、非常な悪妻だった女性はメデューサによって石に変えられてしまうのですが、魔術師マーリンのおかげで蘇り、そうしたら性格がすっかり良くなって、これまでと違う愛情溢れる態度をとるようになったりします。不思議なサーカスが、さまざまな魔法でアバロンの人々の心に変化を生んでいくのです。

サーカスのクライマックスは、ラオ博士による幻像ショーです。空中にこつ然と現れた映像を用いて、ラオ博士は大昔に滅んだ文明について語ります。その文明はもともと繁栄していたのに、そこに人々の欲望を「もっと、もっと」とかきたてる人物が現れたことで神の怒りを買い、火山の噴火と大洪水で滅んでしまったのでした。『ラオ博士の7つの顔』はこぢんまりとした映画ですが、この場面では迫力ある災害スペクタクル映像が楽しめます。欲望をかきたて、文明を滅ぼすことになる人物はスターク役の人が演じています。その他の古代人もそれぞれ町の人と対応してます。

ふと気がつくと、人々は町の集会所に座っていました。スタークに土地を売るかどうか、最終決断を行う投票がいつの間にか始まっていたのです。結果はスタークの負けです。町の人々はスタークに土地を売らないと決めました。スタークはしかし、晴れ晴れとした表情でした。

「私は負けた。しかし、これは喜ばしい負けだ。ずるをして皆さんから土地を巻き上げて、やがて開通する鉄道に乗じて儲けようと思っていたのだが、誰もいない土地に何の意味があるだろうか。アバロンの町が、住民と一緒にちゃんと栄えていける方がずっといいと私は分かったんだ」。

映画にはこの先もう1つ見せ場があって、それは「ボスの心変わりに納得のいかないゴロツキ2人がラオ博士のサーカスに忍び込み、決して水から出してはいけないと言われていた魚の鉢を割ってしまったところ、その魚がぐんぐん巨大な怪物になって彼らに襲いかかる」という場面です。これはジョージ・パルお得意のパペトゥーン技術を駆使した見せ場になっていて、「ラオ博士のサーカスの7人」の顔がドラゴン状の怪物からにょきにょきと生えてきたりと見ていて楽しいのですが、ビジュアル的に突出してはいるものの物語との結びつきは少し弱いように思えます。ただ、この「水から出したら巨大化・怪物化する魚」という存在はラオ博士一流のヨタ話だとみんなが思っていたので、それが本当だったことで、またまたラオ博士の底知れなさが窺えるようになる（そして、本当のことを言っていた人だと確信できる）という効果はあって、そこは重要なポイントだと思います。

翌日、ラオ博士は来たときと同じようにこつ然と姿を消してしまいます。善人に戻ったスタークと、ついに結ばれたエドとアンジェラのカップル、それにアンジェラの息子マイクは、町はずれのサーカスがあった場所までやってきますが、もうラオ博士の姿はありません。

「ぼくをサーカスに入れてよ！　がんばって働くよ！」

とマイクは叫びますが、その声は荒野に虚しく響くだけです……と思ったら、黄金色のジャグリング用のボールがマイクの足元に転がっていました。実はマイクは2日前の夜、「ぼくはジャグリングを練習しているから、サーカスに入れておくれよ」とラオ博士に頼んでいたのですが、「君の芸はうますぎる。そういう風にうまくやられてしまったら、魔術師マーリンの仕事がなくなってしまう」と断られていたのです。ボールを拾ってジャグリングを始めたマイク少年は「見てよラオ博士！　ぼく、ちゃんとできるよ！」と泣きじゃくりますが、そこにどこからともなくラオ博士の声が聞こえてきます。

「マイク、正しい目で見たとき、この世はすべてサーカスなんじゃよ。両手に砂をすくい上げるとき、そこに見えるのは砂ではない。手の中にあるのは謎であり、驚異そのものなのじゃ。立ち止まって〝ぼくは生きている、そして生きているということはなんて驚くべきことなんだろう！〟と実感するとき、君は常にラオ博士のサーカスの一員なんじゃ」

ぼくもまったくラオ博士に同感です。

▶『ラオ博士の7つの顔』エンディング

『ラオ博士の7つの顔』
エンディング

常軌を逸した「アート」への嫌味

セラー・デュエラー

1988年／米／監督：ジョン・カール・ブークラー／出演：イヴォンヌ・デ・カーロ、デブラ・ファレンティノ、ブライアン・ロビンスほか

ジョン・カール・ブークラーという名前に郷愁を覚える人がどれくらいいらっしゃるのか、はなはだ心もとないものがありますが、昨日たまたま久しぶりにジョン・カール・ブークラーのことを思い出すきっかけがありました。

Facebookをお使いの方は分かると思うんですが、あれは毎日のように「今日は誰々の誕生日です／明日は誰それの誕生日です」としつこいのが売りのSNSです。この機能は便利といえば便利、ウザいといえばウザいもので、普段あまり会わない海外の友だちに「おめでとう」を伝える機会ができて助かる一方、ある程度「友だち」が多いと、ほぼ年間を通じて毎日誰かの誕生日なので「くそっ、いいなあ、みんな誕生日が多くて」という、間違ったうらやましさを感じがちでもあります。ぼくも誕生日が年に100日くらいほしいです。年寄りになりたいわけではありませんが。

追記：この原稿を書いたときに比べて、Facebookもあまり使わなくなってきています。SNSもインターネットと同じで、人数が増えれば増えるほどつまらなく、殺伐とした場所になっていくようです。自然の摂理といえばそうかもしれませんが、楽しかった場所がどんどん荒れ果てていくさまを見るのも忍びないので、だんだんと距離をとるようになりました。『レディ・プレイヤー1』ではありませんが、現実の生活を大切にすることの重要性はより一層高まっていると思います。

この原稿を書くちょっと前、12月1日はサンフランシスコ在住のユライアン・ブラウンという親友の誕生日でした。ユライアンは一風変わったナイスガイですが、彼がどういう人物なのかは説明が難しいところがあります。とにかくコミックとヘンテコな映画とピンボールと『バーガータイム』（レトロTVゲームの名作）が大好きで、『バーガータイム』はアメリカ各地で現地のハイスコアを書き換えるのを趣味にしています。

▶『バーガータイム』プレイ動画
（プレイしているのはユライアンではありません）

ユライアンは以前、「ラリー・ディッコ（〈ディッコ〉はもちろんチンコという意味です）」という別人格を用いて、映画のレビュー動画をアップしたりしていました。

▶ラリー・ディッコのYouTubeチャンネル

「ラリー・ディッコ」のYouTube動画は超低予算ながらもちゃんといかがわしいセットを作って「ホラー・ホスト」の伝統にのっとってやっているところが最高です。ディッコの相棒はチンコ形のハンド・パペット「ファックフェイス君」。ネーミングもいちいち面白いですよね。とはいえディッコのショーは見た目はふざけていますが、中身はかなりちゃんとしていて、特に大作コミック映画についての手厳しい批判は一見の価値があります。

『バーガータイム』プレイ動画

ラリー・ディッコのYouTubeチャンネル

そういえば以前、ユライアンは引っ越しに際していろいろ出てきたガラクタを段ボールに詰め合わせて送ってきてくれたこともありました。中身はヘンテコなコミックや人形などでしたが、超絶にダッサい旧約聖書物語の塗り絵本も入っていたので爆笑した覚えがあります。塗り絵はいろんな遊び方ができるので、今度塗ってみるのもいいかもしれません。

▶聖書塗り絵の一例
（ユライアンが送ってくれたものと同一ではありませんが、なんかこんな感じのやつです）

▶正しい大人の塗り絵の遊び方の例（その1）

▶正しい大人の塗り絵の遊び方の例（その2）

さて、Facebookが「今日はユライアンの誕生日ですよ」と教

聖書塗り絵の一例

正しい大人の塗り絵の遊び方の例（その1）

正しい大人の塗り絵の遊び方の例（その2）

えてくれたので、ぼくはさっそくお祝いのメッセージを書いて、ついでにネットで拾ったいい加減な画像を添付しておきました。

▶ 誕生日のお祝いに添付した画像

どんな画像かというと、胸に逆ペンタグラムを刻んだマッチョでバカそうな悪魔が凄んでいる絵です。我ながらいい画像をチョイスしたなあと思っていると、すぐにユライアンがコメントで「この絵の元ネタは何？」と聞いてきました。元ネタなんてあるのかな、あるとしてもどっかのバンドのアルバムジャケとかじゃないのかな……と思いつつ画像検索してみたら、映画のポスターからとられた画像だと言うことが判明しました。映画の題名は『セラー・デュエラー』といって、１９８８年の映画です。調べてみたら日本でもＶＨＳがかつて発売されていたのですが、この『セラー・デュエラー』、ぼくの大好きなエンパイアという映画会社の製作で、ジョン・カール・ブークラーは監督と特殊効果を

誕生日のお祝いに
添付した画像

務めています。

▶『セラー・デュエラー』予告編

（注：首がもげたり悪魔が暴れたりします）

エンパイア・ピクチャーズは80年代に一世を風靡した、SF・ホラー映画専門の独立系の映画会社で、『アルケミスト』（1983年）を皮切りに、有名どころだと『ZOMBIO／死霊のしたたり』（1985年）や『フロム・ビヨンド』（1986年）、クラウス・キンスキー主演の『クロールスペース』、クリーチャー特撮が楽しい『グーリーズ』（1985年）や『トロル』（1986年）、80年代を代表する（と、ぼくは思っている）SFホラー・コメディの快作『テラービジョン』（1986年）、クライヴ・バーカーの『アンダーワールド』（1985年）や『ロウヘッド・レックス』（1986年）、アイディア一発が楽しい『SFゾーン・トゥルーパーズ』（1985年）、それに『トラン

『セラー・デュエラー』予告編

サーズ／未来警察２３００』（１９８５年）に『エリミネーターズ』（１９８６年）……と、駄菓子のような映画群を矢継ぎ早に放ち、わーっと盛り上がったものの、いろいろ無理が来て１９８８年には銀行に会社が差し押さえられ、その後倒産してしまいました。一説によればストップ・モーション・アニメで巨大ロボの激突を描いた大傑作『ロボ・ジョックス』（１９８９年）の製作費がかさんだためだそうです。

エンパイア・ピクチャーズを設立したのは自身も監督として活躍した（『トランサーズ／未来警察２３００』〈１９８４年〉、『メタルストーム』〈１９８３年〉など）チャールズ・バンドという人物ですが、彼はエンパイア倒産後にフルムーン・ピクチャーズという別の会社を立ち上げ、そっちでやはりエンパイア風味が濃厚なＢ級ＳＦ・ホラー映画を作り続けました。

▶ Celluloid Wizards in the Video Wasteland 予告編

Celluloid Wizards in the Video Wasteland 予告編

世間一般的には「幼稚」と言われるかもしれませんが、エンパイア映画にはジャンル映画ならではの毒々しいキャンディのような魅力が詰まっています。

エンパイアといえば、藤岡弘、主演の『SFソードキル』（1984年）を忘れるわけにはいきません。凍っていた400年前のサムライが現代のロサンゼルスに蘇り、「ここはどこじゃ！」「うぬらは何者じゃ！」と戸惑い、しかし周囲とコミュニケーションがまったくとれないまま、それでも美女を守って悪党を退治したり、ホームレスのじいとちょっとだけ交流したり……という作品で、最後は少しほろりとさせられます。

▶『SFソードキル』予告編

『SFソードキル』
予告編

エンパイア映画はジェフリー・コムズやバーバラ・クランプトン（どちらも『ZOMBIO／死霊のしたたり』〈1985年〉、『フロム・ビヨンド』〈1986年〉）といったスターを生み出し、またスチュアート・ゴードン（『死霊のしたたり』『フロム・ビヨンド』『スペース・トラッカー』〈1997年〉、『ロボジョックス』など）のような人気監督も輩出しましたが、そんなエンパイアの数々の作品で特殊メイクの腕をふるったのがジョン・カール・ブークラーでした。

ジョン・カール・ブークラーの特殊メイクやクリーチャーは、ハリウッドのトップレベルに比肩するものではありませんが、独特の可愛らしさと、何より「低予算だろうがなんだろうが、俺たちにもこれだけのことができる、ということを見せてやりたい！」という気概が感じられてぼくは大好きです。『トロル』〈1986年〉や『フロム・ビヨンド』には、そういう低予算映画の意地が詰まっていました。

▶『トロル』予告編

（注：人間が植物になったり小鬼がバットを振り回したりします）

『トロル』
予告編

▶『フロム・ビヨンド』予告編

ところがお恥ずかしいことに、ぼくはジョン・カール・ブークラーが監督し、特殊メイクも担当した『セラー・デュエラー』のことを全然覚えていませんでした（一応言い訳しますと、ポスターは完全に忘れていましたが、予告編に出てきたクリーチャーは雑誌の写真で見た記憶がありました）。これはいけません。というわけで、さっそくAmazon.comに『セラー・デュエラー』のブルーレイを注文したところ、すぐに届いたので鑑賞してみました。

『セラー・デュエラー』あらすじ

30年前。人気ホラー・コミック作家のコリン・チャイルドドレス（ジェフリー・コムズ）は、マンガの参考にネクロノミコン（※注）的な謎の本を使っていたせいで、うっかり悪魔を召喚してし

『フロム・ビヨンド』
予告編

まいます。具体的には悪魔が美女をぶち殺している絵を描いたところ、背後に悪魔が美女と一緒にこつ然と登場（美女がどこから召喚されたのかは知りません）、美女をぶち殺し始めたのに驚いてドタバタしている最中、間違ってどっかに火がついてしまったため、呪いの原画と共に焼け死んでしまったのでした。

※注：改めて説明するまでもないかもしれませんが、ネクロノミコンというのはラヴクラフトの作品に出てくる恐ろしい力を秘めた魔道書の名前です。『死霊のはらわた』（1981年）に登場する「ブック・オブ・デッド」も大雑把に言えばネクロノミコンの亜種だし、またネクロノミコンそのものを題材にした、その名も『ネクロノミカン』（1993年）というオムニバス映画もありました（これにもジェフリー・コムズが出ていました）。『ネクロノミカン』は3話のオムニバスなんですが、監督はそれぞれフランス出身で『ジェヴォーダンの獣』（2001年）や『サイレントヒル』（2006年）のクリストフ・ガンズ監督、日本の金子修介監督、それにエンパイア・ピクチャーズで数々の映画を製作・監督したブライアン・ユズナでした。ブライアン・ユズナは『死霊のしたたり』や『フロム・ビヨンド』、『DAGON』（2001年）などラヴクラフトものを多く手がけていて、『ネクロノミカン』もその1本です。

30年後。呪われたマンガ家チャイルドドレスが仕事場にしていた山小屋は、改装もされないまま美術学校に生まれ変わっていました。なぜかは分かりません。学校名は「スロックモートン美術学校」といいますが、これはラヴクラフトの小説『忌み嫌われる家』に出てくる人名に由来します。

この学校に新しく転校生がやってきます。これが主人公のホイットニーです。

スロックモートン美術学校はモダン・アートの学校なので（少なくともそういうことになっています）、コミック・アーティスト志望のホイットニーは歓迎されません。校長のミセス・ブリッグスも、ホイットニーの入学にはいい顔をしていませんが、推薦状があったのでしぶしぶ彼女の入学を認めることになります。ミセス・ブリッグス役を演じているのはイヴォンヌ・デ・カーロ。彼女は怪物一家のドラマ『マンスターズ』のお母さんリリー・マンスター役で知られています。彼女の役どころ（そして映画に箔をつけるスターとしての立ち位置）は、『サスペリア』（1977年）のジョーン・ベネットやアリダ・ヴァリに近いものがあります。

▶『マンスターズ』ドキュメンタリー

▶イヴォンヌ・デ・カーロ：トリビュート

▶『サスペリア』バレエ学校の場面
（ゴブリンの「デス・ワルツ」が流れる『サスペリア』のバレエ学校の場面は本当に何度観ても何度観ても何度観ても最高です。なお黒っぽい服でおっかない顔をしたおばさんがアリダ・ヴァリで、水色の服を着て居丈高なおばさんがジョーン・ベネットなんですが、アリダ・ヴァリもジョーン・ベネットも大変な美貌を誇る素晴らしい女優さんです）

▶ヒッチコック『パラダイン夫人の恋』（1947年）の美しいアリダ・ヴァリ

『セラー・デュエラー』の「スロックモートン美術学校」は、

『マンスターズ』ドキュメンタリー

イヴォンヌ・デ・カーロ：トリビュート

『サスペリア』バレエ学校の場面

まったく学校に見えないところが大問題です。校長以外の職員は1人も登場せず、建物は山小屋で、おまけに生徒も主人公のホイットニーを入れて5人しかいないのです。

その内訳は抽象画家の青年フィリップ、パフォーマンス・アーティストのリサ、なぜ美術学校にいるのか全然理由が分からない元・私立探偵のノーマン（作家志望らしい）、それにホイットニーの宿敵のアマンダです。なぜアマンダがホイットニーの宿敵なのかというと、かつて別のアートスクールにいたときからアマンダは機を見るに敏で、流行りもののアートをパクった作品を次々と発表、コミック一本槍のホイットニーをいつもバカにしてきていたからです。

ホイットニーは抽象画家のフィリップになんとなく惹かれていきます。

ところで、こういう映画に出てくるモダン・アート的なものの表現は総じて最悪ですが、本作の常軌を逸した「アート」への嫌味には目に余るものがあります。「モダン・アートなんて偉ぶっ

『パラダイン夫人の恋』の美しいアリダ・ヴァリ

てるだけで、しょせん落書きと区別がつかないだろ！」という意見は世間一般でわりとよく見られるものですが、そこを突っ込むのであればせめて『アートスクール・コンフィデンシャル』（2006年）並みに鋭い切り口でやらないとダメだと思います。この「モダン・アートへの敵意」に特殊メイク・アーティストで監督のジョン・カール・ブークラーの子供っぽい反抗心を見いだすことは容易ですが、見いだせたからといって楽しいわけでもありません。

ホイットニーはそれまで開かずの間だった地下室、すなわち、30年前にチャイルドドレスが焼死し、女性が惨殺されたいわくつきの地下室を自分のアトリエとして使う許可を得ます。

地下室に下りた彼女は、当然のごとく呪いの書ネクロノミコンを発見してしまいます。

一方宿敵アマンダは、校長に依頼されてホイットニーの作業をビデオで隠し撮りしていました。ホイットニーがチャイルドドレスのコミックをパクっているかのように編集して、彼女が放校になるように仕向けようという策略です。ホイットニーとアマンダは事あるごとに衝突し、それを元・私立探偵のノーマンが盗み聞きしていたりするんですが、これが物語と一切関係がないので観ている方もだんだん「大丈夫か、この映画は……」と不安な気持ちになってきます。

エンパイア映画は出来のいいものと悪いものの落差が激しいのですが、『セラー・デュエラー』は「下の中」くらいの感じだと思います。同じ「下の中」としては『ブリーダーズ』

（1986年）、「下の下」が『アンドロイド・バスターズ／残虐メカ帝国の逆襲』（1986年）かな……と一瞬思いましたが、『アンドロイドバスターズ』や『ブリーダーズ』はアホ度で『セラー・デュエラー』より突き抜けたものがあるので、一見まともそうに見える『セラー・デュエラー』の方が実質的にはダメな映画かもしれません。

▶『アンドロイド・バスターズ／残虐メカ帝国の逆襲』抜粋
（この映画はニューヨークのゴミ捨て場を「荒廃した核戦争後の地球」だと言い張ったり、ヘタクソ絵が急にアップになるから何かと思ったら、実は実景のつもりだった！　という信じがたいマットペイントが登場したりします。あれ？　やっぱりそう考えると結構『アンドロイド・バスターズ』は悪くないような気がしてきました。さっき「下の下」とか言ったのは撤回します。『アンドロイド・バスターズ』面白いですよ！　酔っ払って観るぶんには）

『アンドロイド・バスターズ／残虐メカ帝国の逆襲』抜粋

▶『ブリーダーズ』予告編
（こっちは地下の岩風呂みたいなところにミルクが溜めてあって、全裸の美女がみんなで入ってウッフーンとかしてるんですが、それが実はエイリアンによる人類交配計画で、という……あれ？　やっぱりこっちも超面白い気がしてきました。うん、『ブリーダーズ』も全然悪くないです。面白いですよ！　酔っ払って観るぶんには）

『ブリーダーズ』
予告編

そろそろ端折《はしょ》り気味に話を進めますと、結局のところホイットニーは30年前にチャイルドドレスがやったように、絵を描くことで悪魔を召喚してしまい、その悪魔がみんなを殺して回るんです。どうです、びっくりしたでしょう！（反語）

ただ、残念なことにこの悪魔、人間を殺してはバリバリと引き裂いて食い散らかすのですが、そういう肝心なところが映らないんです。一番残酷なところはホイットニーの描いたマンガ絵で代用されています。この演出がまたカンにさわるというか、間接表現ならいいってもんじゃないだろう、というか、そもそも残酷場面の見せ場をそうやってスポイルするんなら、なんでこんな映画作ったんだ！　と頭をかきむしりたくなること必至です（後述するように、これは『クリープショー』を真似しようとして失敗した可能性が高いと思います）。

そうこうしているうちに悪魔は数少ない登場人物を全員殺してしまいました。最後に残ったホイットニーに悪魔が迫ります。さあどうする！　と、ホイットニーはやおら、棚から絵具の瓶とか筆とか、悪魔に対抗するにはあまりにもショボいものを投げつけ始めました。もちろん悪魔はそんなもの全然平気ですから、ずんずんホイットニーに近づいてきます。危うし！　ホイットニー！　と思ったら、急に悪魔が苦しみ始めました。よく見ると、ホイットニーの投げた修正液が机に飛び散って、彼女が描いた悪魔の絵が半分消えていたのです。「これだわ！」と思ったホイットニーは、自分の描いた悪魔の絵を全部修正液で塗りつぶします。一応断っておきますが、これはぼくの作り話ではありません。本当にそういう映画なんです。そして絵を塗りつぶされた悪魔はウワワーンと虚空に消えてしまいました。

危機一髪で助かったホイットニーですが、なんとなく惚れていたフィリップが死んだのが悲しくて仕方がありません。そこでフィリップの絵をマンガで描くとアラ不思議、どこからともなく彼が生き返ったではありませんか。やったあ、とホイットニーは残りの登場人物もひとりひとりマンガに描くことで蘇らせ（アマンダはムカつくので復活させませんでした）、一件落着、もうこのような大惨事が起きないようにしましょう、と、悪魔の絵も含めたすべてのマンガを火にくべたところ、せっかく生き返ったみんながボーボー燃えだして、全員死んでしまいました。（完）

ぼくはこの映画を観ていて、とにかくヘンテコリンだったり、度を越してくだらなかったりする映画を浴びるようにVHSビデオで観ていた時代を思い起こしました。ここまでかなり『セラー・デュエラー』について厳しいことを書いてしまった気がしますが、やっぱり全部撤回します。そういう映画が、今のぼくの一部分を形作っていることは間違いないからです。『セラー・デュエラー』は、コミックがテーマになっていることからも分かるとおり、要はエンパイア・ピクチャーズが「うちでも『クリープショー』やろうぜ！」と、あまり深く考えずに作った映画だと思います。『クリープショー』は脚本スティーヴン・キング、監督ジョージ・A・ロメロ、特殊メイクがトム・サヴィーニ、出演者も芸達者がゴロゴロしている名作で、とてもおいそれと真似のできるようなものではないのですが、そういうのを「じゃあうちでも」とすぐに真似したがるのはB級映画製作会社の宿命であり特徴でもあります。『ジョーズ』(1975年)や『スター・ウォーズ』(1977年)や『マッドマックス』(1979年)のエピゴーネンが世界中でどれだけ作られたか考えれば、そのことは明らかです。まともな神経の持ち主であれば、そういう優れた作品が簡単にはパクれないことが分かるのですが、野太い神経を持つB級映画の監督やプロデューサーは「うん、うちでも似たようなのは作れるな、よし作ろう!」と考えます。そういう蛮勇をぼくはとても面白いと思うし、結果としてヘンテコリンな映画が増えるのも喜ばしいことだと思っています。

『セラー・デュエラー』はお世辞にも褒められた映画ではありませんが、一応生首も飛ぶし、悪魔も出てくるし、有名俳優(ジェフリー・コムズとイヴォンヌ・デ・カーロ)も出てくるし、ヌード場面も多少はあるんですから、あまり文句を言うのは酷というものです。面白い要素はだいたいちゃんと入っているわけです。問題はすべてにおいて下手っぴという点ですが、そんなのは映画を観る上でたいした障害にはなり得ません。めっちゃ上手でも、単に偉そうにしているだけで、裸も出なければ首も飛ばず、悪魔も出てこない映画より『セラー・デュエラー』の方がずっとマシです。これはぼくの被害妄想かもしれませんが、最近は誰も彼もが「単にうまい映画」「立派そうに見える映画」を撮りたがっているように思えてなりません。そういう「立派そうな映画」を観るとき、ぼくはいつもエンパイア・ピクチャーズの映画や『悪魔の毒々モンスター』(1984年)などを思い起こして、「立派そうじゃなくたって面白いヘンテコリンな映画は沢山あるぞ！」と勝手に対抗心を燃やしたりしているというわけです。それもまあ、言ってしまえば一人相撲もいいところなんですけどね。

最後になりましたが、この原稿をメールマガジンに書いてしばらくのち、2019年3月18日にジョン・カール・ブークラーは66歳の若さで前立腺がんで亡くなってしまいました。治療のお金にも欠く状況だったようで、奥さんが寄付を募っている、という情報を知った矢先の出来事でした。ユーモラスでグロテスク、どこかキュートな数々のモンスターや血まみれ効果をありがとうございました。まるで、おもちゃ箱をひっくり返したかのような楽しみがジョン・カール・ブークラーの特殊メイク効果にはいつもありました。

複雑で人間味のあるキャラクターの魅力

ロボット大襲来

1954年／米／監督：シャーマン・A・ローズ／出演：リチャード・デニング、キャサリーン・クロウリー、ヴァージニア・グレイほか

1954年の侵略ものSF『ロボット大襲来』をご紹介します。この映画、日本版のDVDは結構前（2008年）に発売されていて、そのときに買って観ていたんですが、久しぶりに見直そうと思ってDVDを捜したところ、どうやっても出てこないのです。「今日はこれを観るぞ！」と思っている日に限って見つからないことはよくあります。仕方ないので、改めてDVDを買い直して観ることにしました。

▶『ロボット大襲来』予告編

なんで急に『ロボット大襲来』を久しぶりに見返したくなったかというと、それは最近ブルーレイで発売された、これまた日本未公開のゾンビSF青春映画『ナイト・オブ・ザ・コメット』（1984年）を見返したのがきっかけです。

▶『ナイト・オブ・ザ・コメット』予告編

『ナイト・オブ・ザ・コメット』は、数千年ぶりに地球に大接近した彗星のせいで、人々が粉になっちゃったりゾンビみたくなっちゃったりしてサア大変、という映画なんですが（直接光線を浴びると粉になっちゃうんですが、隙間から差してきた光をちょこっと浴びるとゾンビみたいになってしまいます）、ほとんどの人が世紀の天文ショーを観るために外に出ていたために、ほぼ無人となってしまったロサンゼルスが舞台です。予告でもお分

『ロボット大襲来』予告編

『ナイト・オブ・ザ・コメット』予告編

かりいただけると思うんですが、赤いフィルター処理を施した、誰もいなくなったロサンゼルスの光景が妙にカッコいいんです。これをどうやって撮ったかというと、皆さんお察しのとおり、めっちゃ早朝にロケに出かけて、道路や建物の前が無人のときに撮影しているわけです。

ぼくは映画や小説で、こんな風に「何らかの理由で無人となり、ただ建物だけが残っている状態」になっている都市の風景を観たり読んだりするのが大好きです。理由はいくつか考えられますが、1つはそういう風景そのものが醸し出す強烈な諸行無常感でしょう。この諸行無常感は、別に街が廃墟になっていなくても構いません。廃墟になっていたらいたでビジュアル的なインパクトは抜群ですが、そうでなくて『ナイト・オブ・ザ・コメット』のように「単に人がいない」だけでも、「ああ、もう誰もいなくなっちゃったんだなあ」という諸行無常感をたっぷり堪能することができます。これは幽霊船のお話（漂流している船に乗り込むと、中は無人なのにお茶や料理が温かいまま残されている）にも通じるワクワク感であり、また本当に何もかも終わってしまったんだなあ、という終末感でもあります。そういう感じを映画化したものとしては『地球最後の男オメガマン』（1971年）や、ゾンビ映画『28日後…』（2002年）、ロメロの『死霊のえじき』（1985年）、変わり種としてはスティーヴン・キング原作のテレビ映画『ランゴリアーズ』（1995年）などを挙げることができるかと思います（『地球最後の男オメガマン』と同じ原作をもとにした『アイ・アム・レジェンド』〈2007年〉や『地球最後の男』〈1964年〉も同様）。

- 『地球最後の男オメガマン』予告編
- 『地球最後の男』予告編
- 『アイ・アム・レジェンド』予告編
- 『28日後…』予告編
- 『死霊のえじき』オープニング・クレジット場面

『アイ・アム・レジェンド』予告編

『地球最後の男』予告編

『地球最後の男オメガマン』予告編

▶『ランゴリアーズ』予告編

（『ランゴリアーズ』はアイディアが素晴らしくユニークで本当に面白いと思っています。CGIがチープとか、そういうどうでもいい理由で不当に低く評価されている作品ですが傑作）

『ロボット大襲来』も、舞台は無人の街となったシカゴです。遅い時間に目を覚ました主人公の女性ノラ（キャサリーン・クロウリー）は、電気が点かず水道も止まっているのを不審に思い、外に出てみますが誰もいません。街はまったくの無人になってしまっていて、静まり返っています。ノラさんが寝坊したのは前夜、男と別れた腹いせに睡眠薬を飲んで自殺を試みたせいだったことがあとで分かります。

不安な気持ちで無人の街を行くノラさんは、やはり1人でうろついていたフランクさん（リチャード・デニング）という男に出会います。フランクさんは前夜、飲んだくれて酒場の喧嘩に巻き込まれ、殴られて気絶した結果、やっぱり寝過ごしていたという

『28日後…』
予告編

『死霊のえじき』オープニング・クレジット場面

『ランゴリアーズ』
予告編

設定です。

　道に落ちていた新聞を拾った2人は、昨夜のうちに街の住民全体がどこかよそに避難してしまったことを知ります。正体不明の軍隊が攻めてきたらしいのです。このあたりはさすが1950年代、冷戦下の映画という感じです。実際に攻めてきたのは宇宙人が操るロボットなんですが、「謎の敵」がアメリカ本土に侵攻してきたため、都市の住民がみな避難して街が無人となっている……というのは、まさに冷戦時代のアメリカ人が抱いていた恐怖そのものの映像化です。ソ連（とキューバとニカラグアの合同軍）がアメリカの日常に侵攻してくる『若き勇者たち』（1984年）は、同じ恐怖を直接的に描いた作品で（2012年のリメイク版『レッド・ドーン』では北朝鮮が攻めてくることになっていました）、監督・脚本はタカ派で知られるジョン・ミリアスでした。

▶『若き勇者たち』予告編

『若き勇者たち』
予告編

▶『レッド・ドーン』予告編
（主人公が雷神ソーなのでアメリカ側が負ける気がしません）

なお北朝鮮がアメリカ本土に攻めてきた！　というと、やはりジョン・ミリアスがシナリオを手がけた『ホームフロント』（2011年）というゲームもありました。このゲームではアメリカの西半分が北朝鮮に占領されているんですが、占領軍の目を盗んで活動する中、山と積まれた死体の中に隠れる場面があって、うへえ、こんな目にだけは遭いたくないものだなあと思いながらプレイしたことを覚えています。

▶ゲーム『ホームフロント』予告編

『ロボット大襲来』に話を戻します。誰か自分たちと同じように、街に取り残されている人はいないかな……と思ってノラさん

『レッド・ドーン』予告編

ゲーム『ホームフロント』予告編

とフランクさんが歩いていくと、近くのレストランで昼間っから酒をかっくらい、厨房に残っていた料理を食ってご機嫌、というヴィッキーさん・ジムさんのカップルに出会うことができました。ヴィッキーさんとジムさんは10年来の腐れ縁カップルなのですが、ここぞというタイミングがなかったために結婚はできていないという設定です。彼らは避難警告が出たとき、すでに酔っ払っていたので間に合わなかったのです。

低予算映画『ロボット大襲来』がそれなりにしっかり楽しめる作品になっているのは、ヴィッキーさん・ジムさんのカップルのキャラクターと、さっきも書いた「諸行無常感」、これに尽きるとぼくは思っています。ノラさんとフランクさんも悪くないキャラクターで、俳優もいいんですが（ノラさん役のキャサリーン・クロウリーは数えきれないほどのテレビ番組に出ているほか、フランクさん役のリチャード・ダニングも『大アマゾンの半魚人』〈1954年〉や『黒い蠍』〈1957年〉をはじめ、多くの映画やテレビに出ているベテランです）、ヴィッキーさん・ジムさんの「腐れ縁酔っぱらいカップル」の存在が『ロボット大襲来』を、一風変わった、味わい深いものにしています。人生を半ば諦めたかのような中年のカップルが、憎まれ口を叩きながらも互いをいたわり合う……この2人のキャラクターは、1950年代の低予算SF・ホラー映画の中でも出色の出来栄えではないかと思います。2人のやりとりを観ていたいがために、『ロボット大襲来』を最後まで観ていられる……そう言っても過言ではないほどです。ヴィッキーさんを演じたヴァージニア・グレイは1920年代に活躍した映画監督レイ・グレイの娘で、幼いときのベビーシッターがグロリア・スワンソンだった（！）というとんでもない環境で育ち、10歳のときから銀幕で活躍している美人女優です。ちょっとやさぐれてはいるものの、かつての美貌を残したヴィッキー役を彼女は見事に演じきりました。また、お相手のジムさんを演じたリチャード・リーヴスもまた、テレビや映画で数多くの「タフガイ風」脇役を演じてきた俳優さんで、『ロボット大襲来』でも「自信を喪失したかつてのタフガイ」を説得力たっぷりに演じています。

こういう、複雑で人間味のある、そして自らの弱さを自覚している人が出てくると映画は俄然面白くなります。昨今のブロックバスター大作で、そういう人物を見かけることは非常に稀です。単に記号的に「弱い」人が出てくることはあるかもしれませんが、どこか心に弱さを抱えた人が持つ機微や切なさのようなものが、あまり映画で描かれなくなっている——そんな印象をぼくは持っています。ヴィッキーさんやジムさんのようなアルコール依存症の人にだって、いろんな事情やレイヤーがあるはずです。そういう表現が観たいのですが、たいていの場合、単に治療すべき対象、あるいはただただ弱いだけの人物、として描かれがちな傾向が強まっているのは、世間一般が「弱い」人に対して向ける眼差しが厳しくなってきていることと無関係ではないと思います。「自己管理」ができず、「強い意志を持ち続けること」ができない、そういう人は映画ですら重要なキャラクターにふさわしくない、と言われているようで、ちょっと悲しくなります。ぼくは自分もだらしなく、しょうもないところがいくらもあるせいもあって、そういうキャラクターを映画で見かけると嬉しくなるので、もっと「弱い」人の機微を描く映画が観たいといつも思っています。

『ロボット大襲来』は、この4人が迫りくるロボット軍団（といっても、作ったロボスーツは1着だけだったので、画面には絶対に1体しか映りません）から逃げることができるのか？というサスペンスと、どこかの研究所で軍人や科学者が捕獲したロボットを研究し、弱点を見つけようとがんばっている姿を交互に描きながら（この両者がまったく交錯しないのが『ロボット大襲来』の面白いところでもあります）、あまり盛り上がらないクライマックスへと突き進んでいきます。ちなみにノラさん・フランクさん・ヴィッキーさん・ジムさんのグループには、後半になってとある人物が加わることになるんですが、そのあたりの経緯と、いかにしてロボット軍団を倒すことができるのか……については今回は伏せておくことにします。なお、その「とある人物」を演じたのはロバート・ロアークという人なんですが、彼のお父さん（医者）が本作に出資してくれていたため、出演がかなったということです。ロアークさんはその後は数本の映画やテレビに出たのち、プロデューサーになりました。

内容はそれなりに王道、予算はほんのちょっと、だけどキャラクターの面白さで一線を画す作品となった『ロボット大襲来』、もし機会があったらぜひご覧ください。殺人ビームを放ちながらよちよち歩きするロボットも存分に楽しめます。ご多分にもれず、軍用機が飛んだりする場面は全部ありもののフッテージですが、これは当時の低予算映画にあってはごく普通のことですよね。

異次元、それはよく分からない世界

ジェシカ／超次元からの侵略

1984年／米／監督：ウェス・クレイヴン／出演：ロバート・ユーリック、ジョアンナ・キャシディほか

会員制の高級スポーツ／リゾートクラブ。そこには、ヘンテコな儀式を経たメンバーしか入れない謎の「部屋」がありました。

どうしたわけか、その「部屋」はものすごい高熱を放っていて、外からドアに触っただけで普通の人間は大やけどを負ってしまうほどです。

高熱をなんとかかいくぐってドアを開けると、その先にはさらなる驚きが待っています。

内側には地獄を思わせる鍾乳洞のような洞窟が、果てしなく広がっていたのです。

そこを進んでいくと、やがて、床というか道だと思っていたところが実は切り立った崖だったことが分かります。

それも、何千メートルという高さの目もくらむような断崖絶壁。

うわー、こんなところから落ちたら死んじゃうな、とビックリしながら下方に目をやると、はるか遠くにアメリカ郊外の町がまるでミニチュアのように広がっているではありませんか！

目を凝らして見ると、それはなんと自分が住んでいる町なのです。

という、にわかには信じがたい、おそるべき映画体験をもたらしてくれるのが、ウェス・クレイヴン監督１９８４年のテレビ映画『ジェシカ／超次元からの侵略』です。なお原題は『地獄への招待（Invitation to Hell）』といいます。

今書いたように、この作品のクライマックスはかなり難解なシチュエーションなのですが（適当とも言う）、そこに至るまでのストーリーはどんなものだったかというと……。

マット（ロバート・ユーリック）は腕利きのハイテク技術者でセンサーの専門家です。彼が開発した最先端のセンサーは地球の生命体と、それ以外の宇宙生命体を識別できる高性能なものです。「パッと見で分かるだろ、宇宙人と地球人の違いくらい」と思ってしまいそうですが、映画やテレビ番組には地球人にそっくりの宇宙人が沢山登場するし、それに地球の生命体のバリエーションも大したもので「パッと見、モンスターかエイリアンにしか見えない生命体」も沢山いることを考えると、マットさんの開発したセンサーの優秀さと便利さも理解できようというものです。

マットさんのセンサーは来るべき金星の探査にも有効ということで、巨大ハイテク企業にヘッドハンティングされ家族を連れて郊外の町へと越してきます。町というか、巨大ハイテク企業の城下町といったところでしょうか。マットさんの家族というのは奥さんのパットと息子のロビー、それに幼い娘のクリッシーです。

奥さんを演じたのは『ブレードランナー』（1982年）でレプリカントのゾラを演じたジョアンナ・キャシディです。息子のロビーを演じたバレット・オリバー君は『ネバーエンディング・ストーリー』（1984年）のバスチアンや、『ダリル』（1985年）のタイトルロールのロボット少年、それに『コクーン』（1985年）などに続けて出演した、80年代を代表する子役の1人です（その後はドラッグに溺れることもなく、現在は写真家なんだそうです）。末っ子のクリッシーを演じたソレイユ・ムーン・フライはのちにテレビシリーズ『サブリナ』でサブリナのルームメイトを演じました。

引っ越してきたばかりで新顔のマット一家は、事あるごとに人々から「会員制クラブにぜひお入りなさい」「あのクラブに入ると出世できるらしいよ」「新車も買えるし立派な家具も買えるようになるらしいよ」と、アムウェイ的な勧誘の波状攻撃を受けます。

そう、この会員制クラブこそ、冒頭でご紹介した「秘密の部屋の奥がわけの分からない、地獄のような崖のような異次元空間に繋がっている」クラブです。名前は「熱々温泉カントリークラブ」といいます（本当です。英語では「Steaming Springs Country Club」）。

温泉カントリークラブのオーナーは妖艶な、あるいは化粧が常に濃いめと言ってもいいかもしれませんが、とにかく謎めいた女の人で、彼女の名前がジェシカです。彼女は妖艶パワーを最大限に発揮して「ウフ～ン、マットさん、あなたにならサービスしちゃうわ～」などとマット一家をクラブに引き込もうとするのですが、マットさんもわりと強情でなかなか首を縦に振りません。

これに業を煮やしたのはマットの奥さんです。「何よ、あたしだっていい車に乗りたいし、いい家具もほしいし、いい生活がしたい！」。そう思った奥さんは夫に黙って子供を連れて、くだんの温泉クラブに勝手に入会してしまいます。謎の「入会の儀式」を経た奥さんと子供たちは高温の蒸気が噴き出す謎の「部屋」へと入っていきます。人間には耐えられないはずの高温の部屋へと……。

翌日からマットさんの自宅には次々と新しい家具が運び込まれ、壁が塗り替えられ、何やら全体的に豪華な感じになっていきます。一方、奥さんや子供たちの態度は目に見えてよそよそしくなりました。鈍感なマットさんも事ここに至って「さては、自分に黙って勝手にクラブに入会したんだな」と気づきますが、時すでに遅し。実は「入会の儀式」以来、マットが家族だと思っていたのは「既に入れ替わった何者か」で、本当の家族は行方不明になっていたのです。

恐るべき真実を知ったマットさんはニセの家族を押し入れに閉じ込めると（本当）、会社に宇宙服を奪い取りにいきます。その宇宙服には彼が開発したセンサーが取り付けられているので、誰が人間で誰がそうでないか判別できるからです。すったもんだの末にゲットした宇宙服を着用し、次にマットさんが向かったのはもちろん「熱々温泉カントリークラブ」です。以前に見学ツアーで入れてもらったときにちらりと目にした、熱々の蒸気が噴き出していた部屋が怪しいに決まっているからです。

さて、そのとき大変都合のいいことに「熱々温泉カントリークラブ」では年に一度のハロウィン・パーティが催されていました。センサーで確認すると、パーティの参加者はどうも全員人間ではないようです。そんなところで正体がバレたら大変なので、マットさんは「宇宙飛行士の仮装です！」と強引にパーティ会場に潜り込み、くだんの蒸気の部屋へと向かいます。とんでもない高温も、宇宙服を着ていればへっちゃらのはずです。

「中」に入ると、地獄みたいな鍾乳洞が広がっていて、自分が立っているところは切り立った崖のてっぺんだということが分かりました。見下ろすと、はるか下方に自分たちの住む町が見えます。これは一体……。

「飛び降りたら死ぬわ！」

振り向くと、すぐ後ろに謎の厚化粧のジェシカさんが立っています。センサーによれば彼女も人間ではありません。ええい、ままよ、とばかりにマットさんは断崖絶壁から飛び降ります……と思ったら、難なく郊外の道路に着地できました。ただ、違うのはすべての色がサイケデリックで、故障したテレビみたいに見えることです。と、「自分の家」の中からピアノの音が流れてきます。

「家」に入ってみると、奥さんや子供がビームでできたドームのようなものに閉じ込められています。みんな顔色が悪く、助けてもらいたそうな表情です。こっちが自分の本当の家族に違いありません。

「ダメよ！　そのビームに触ったら死ぬわ！」

振り向くとまたジェシカさんがいました。あれをしたら死ぬ、これをしたら死ぬといちいちうるさいです。ええい、ままよ（2回目）、とマットさんがビームに触れると火花がスパークしました。これは危険です。じゃあどうしたらいいか……と多少悩んだマットさんは「そうか、宇宙服がいけないんだな」と気づいて（なぜかは分かりません）、ヘルメットと装備を脱ぎ捨てると、決死の覚悟でビームの中に飛び込みます。飛び込んでみたら、意外と大丈夫でした。さっそく奥さんをビーム製のドームから救出するマットさん。

すると、なぜかジェシカさんがレーザー光線に包まれて苦しみ始めました。

むむ、奥さんをドームから救い出すとジェシカが苦しんでいる……ということは！　とまたひらめいたマットさんは子供たちもビーム空間から救出します。と、部屋の真ん中にあったピアノの鍵盤が突如として弾丸のように飛び出し始め（本当）、さらに壁のレンガも同じようにビュンビュンと飛び出し始め（本当）、ついでにガラス窓が爆発したかと思うと、ジェシカさんも「ギョエー」と叫びながら爆発してしまったではありませんか。

気づくと、サイケデリックな色調はどこかに消え失せて、町はいつもの姿を取り戻していました。豪華になっていた自宅も元通りのボロい感じに戻っています。外から人の声がするので出てみると丘の向こうから噴煙がもくもくと上がっています。「熱々温泉カントリークラブ」が爆発したようです。よかったよかった。と、マットさんが家に戻ろうとする姿が静止画になって、ジ・エンド。

ウェス・クレイヴン監督といえば『サランドラ』（1977年）、『エルム街の悪夢』（1984年）、『スクリーム』（1996年）など代表作に事欠かないホラー映画界の大御所です（ぼくのお気に入りは『壁の中に誰かがいる』〈１９９２年〉や『デッドリー・フレンド』〈１９８６年〉、それに『ショッカー』〈１９８９年〉あたりですが、この辺の作品についてもいずれじっくりとご紹介できたらと思います）。そんなクレイヴン監督がホラー映画史に残る名作『エルム街の悪夢』と同じ年にこんなキテレツなテレビ映画を撮っていた、というだけでも本作には観る価値があります。

ストーリー紹介では省きましたが、この作品はオープニングも最高で、その場面ではどっかの誰かが車でジェシカを轢いてしまうんですが、轢かれた次の瞬間ジェシカがノスフェラトゥのように起き上がると、超能力でドライバーを丸焦げにしてしまうんです（クレイヴン監督のことなので、当然ムルナウの『吸血鬼ノスフェラトゥ』〈１９２２年〉を意識しているはずです）。

本作はその時代背景も含め、語りたいことは沢山あります。たとえば１９７０年代後半から１９８０年代にかけて、いかに「レーザー光線」（アニメーションではなく、本物のレーザー光線を使った効果のこと）がジャンル映画の世界で重宝されていたか、ということには留意する必要があるでしょう（すぐに思いつく例としては『エイリアン』〈１９７９年〉を筆頭に、『ファイナル・カウントダウン』〈１９８０年〉などが挙げられます）。しかしここで注目したいのは「よくわけの分からない地獄映像」についてです。

『ジェシカ』のクライマックスは明らかに混乱したものですが、同じように混乱しきったクライマックスで知られる映画にディズニーの実写SF大作『ブラックホール』（1979年）があります。

『ブラックホール』では、エッフェル塔そっくりの巨大宇宙船シグナス号がブラックホールに呑み込まれると、まず『2001年宇宙の旅』（1968年）のスターゲイトのような映像が現れ、それから画面が真っ赤になって、マッド・サイエンティストのラインハルト博士が虚空を落下していきます。と、突然、博士が自分の造り上げた邪悪なロボット、マキシミリアンと合体してしまい、なぜか断崖絶壁の上に立ち尽くしているではありませんか。眼下に広がるのは紅蓮の炎が燃え盛る地獄風景です。抽象的でトリッピーな地獄映像が出てくる同時期の映画としては『アルタード・ステーツ／未知への挑戦』（1979年）や『ブレインストーム』（1983年）などがありますが、『ジェシカ』と『ブラックホール』は、そういった意味で「異次元……それはよく分からない世界……を、なんとか意味ありげに見せることはできないだろうか……そうだ、地獄だ！」という、同じ思考回路に基づくクライマックスを持つ作品だと言うことができます。

そして、ここが重要なんですが、それでいいじゃん、と思うわけです。前後の意味がよく分からない、混乱した地獄的な風景を見せられると毎回「うーむ、全然分からないが、意味なくかっこいいなあ」と思ってしまいます。「なんでもかんでも全部説明されるより、そっちの方がずっとましだ！」と断言するわけにもいかないのは承知の上ですが、しかしこういう一種の乱暴さ、ワイルドさは「映画」の大きな魅力の１つではないかと思います。

鮮血のデヴィッド・ヘス劇場

真夜中の狂気

1980年／伊／監督：ルジェロ・デオダート／音楽：リズ・オルトラーニ／出演：デヴィッド・ヘス、アニー・ベルほか

『真夜中の狂気』は、『食人族』（1980年）のルジェロ・デオダート監督が『食人族』の次に撮った映画です。というか、『食人族』の公開が大幅に延期になってしまったので、その空いた時間に撮ってしまったと言った方が正確かもしれません。公開前、『食人族』はドキュメンタリーを装って話題づくりに励んでいたのですが、それが功を奏しすぎて、逆に「映画の中で本当に人を殺しているのではないか」「動物を不必要に虐待したり殺していたのではないか」と嫌疑をかけられてしまったのです。この疑惑は映画の中で「食われた」ことになっている俳優たちがその姿を見せたことで解消されたんですが（最初のうちは宣伝の話題づくりのた

め、身を潜めて人前に姿を現さないよう依頼されていました）、いかに映画宣伝の極意がハッタリにあるとはいえ、やりすぎるとこのように逆に問題になってしまうこともあるというわけです。

『真夜中の狂気』の舞台はニューヨークです。1970年代から80年代のイタリア映画にはやたらとニューヨークが登場するのですが、これはニューヨークという世界一の大都市をダシにすることで映画の「国際感」が増幅され、より広い市場に売り込むことができるからです。少なくとも当時のイタリア人映画製作者たちはそう考えていたし、実際にそれはうまくいきました。デオダート監督の前作『食人族』でも、『人喰族』（1984年）も、映画の冒頭と最後を飾るのはニューヨークの風景です。ルチオ・フルチ監督の血まみれ映画にもお約束のように毎回ニューヨークが登場します。ロサンゼルスやシカゴでなしにニューヨークなのは、風景のインパクトが大きいこともあります。天を衝く摩天楼、自由の女神、巨大なブルックリン橋、ウォール街……ニューヨークには「行って撮ってくる」だけで絵になるランドマークが沢山あって、かつまたニューヨークを撮るだけで「ここは世界の金融の中心地」だとか「人種のるつぼ、それはニューヨーク」とか「これが人類文明の最先端都市……」とか、1秒で思いつきそうなキャッチフレーズをいくらでもぶち込むことができます。何かと便利で国際色豊かなロケ地として、ニューヨークはイタリア人監督たちに重宝されていたのです。といっても、『真夜中の狂気』がまさにそうなんですが、ニューヨークで撮影しているのは冒頭の風景カットだけで、あとは全部イタリアですませてしまうのがイタリア映画人の節約術です。

『真夜中の狂気』は英語題名を『公園に面した家』（The House on the Edge of the Park）といいます。これは、本作でも悪党を演じているデヴィッド・ヘスが主演して一大センセーションを巻き起こしたウェス・クレイヴン監督作『鮮血の美学』（The Last House on the Left／1972年）から来ているのですが、この『鮮血の美学』がヒットしたせいで、『ラスト・ハウス・オン・どこどこ』とか『どっかのハウスがどーの』という題名の映画がいくつも作られました（既に完成していた映画の題名が似たようなものに差し替えられた例もあります）。異常な雰囲気が魅力の『ラスト・ハウス・オン・デッド・エンド・ストリート』（1972年）や、『真夜中の狂気』はそうした「ハウスもの」の代表作です。ほかにも『The Last House on the Beach（白昼の暴行魔）』（1978年）だとか、『The House on Sorority Row（スプラッター・ナイト／血塗られた女子寮）』（1983年）なんていうのもありました。

本作は、今ちょうど言及したフランコ・プロスペリ監督の『白昼の暴行魔』と似たお話です。『白昼の暴行魔』は女子学生たちが休暇を過ごしているところに3人の強盗が乱入してやりたい放題やらかすという話ですが、『真夜中の狂気』は、金持ちがパーティしているところにやってきた2人組がやりたい放題やらかすというストーリーだからです。

『真夜中の狂気』は、その意味で2つの「ラスト・ハウスもの」が合体したような映画です。『鮮血の美学』からは凶悪な若者を演じたデヴィッド・ヘスを、そして『白昼の暴行魔』からはストーリーのアウトラインを頂いているからです。

本作のキャストはジャンル映画ファンの目にはとても豪華に映ると思います。デヴィッド・ヘスは当然として、金持ちの美女役に『愛の妖精 アニー・ベル』（1976年）などで絶大な人気を誇ったセクシー女優アニー・ベル、別の金持ちの女役には『人喰族』のロレイン・デ・セーレ。デヴィッド・ヘスの相棒で、ちょっと頭の足りない青年役を演じたのはジョバンニ・ロンバルド・ラディス（『地獄の謝肉祭』〈1980年〉、『地獄の門』〈1980年〉、『人喰族』、『デモンズ3』〈1989年〉。本作で映画デビュー）。

この映画の撮影時、デオダート監督は既に『カニバル／世界最後の食人族』（1977年）や『コンコルド』（1979年）など、いくつか監督作品はありましたが、『食人族』の公開前ということもあって世界的な知名度はそれほど高くありませんでした。一方、デヴィッド・ヘスは『鮮血の美学』で名前が売れていたので、現場ではスター扱いです。デオダート監督とデヴィッド・ヘスはその後もいくつか一緒に仕事をしていますが、どうもヘスの方はデオダート監督がだんだん出世して大物ぶってきたのが気に入らなかったようで、インタビューではかなりそのことについて愚痴っていたりします。

デヴィッド・ヘスはもともとミュージシャンで（エルヴィス・プレスリーに曲を提供したこともあります）、『鮮血の美学』でも彼の曲が流れます。しかしながら『鮮血の美学』でヘスが見せた、無軌道にも程があるサディスティックで凶悪な若者像のインパクトはあまりにも絶大でした。ヘスは『真夜中の狂気』の前に『ヒッチハイク』〈1977年〉でもヒッチハイクして乗った車の夫婦をいたぶり倒す強盗犯の役を演じていますが、本人によれば『鮮血の美学』と『ヒッチハイク』、そして『真夜中の狂気』が彼の「サイコパス3部作」なのだそうです。ちなみに『ヒッチハイク』でヘスがいじめる夫婦は旦那がフランコ・ネロ（『情け無用のジャンゴ』〈1967年〉）で、奥さんがコリンヌ・クレリー（『O嬢の物語』〈1975年〉）という夢のようなカップルでした。

『真夜中の狂気』は、のちのデオダート作品より少しモッサリとした印象の映画ですが、その一因はデヴィッド・ヘスの芝居やアドリブをそのまま使っているせいかもしれません。デヴィッド・ヘスは自分のお芝居をたっぷり引っ張るタイプの役者さんで、『真夜中の狂気』もほとんど「デヴィッド・ヘス劇場」のような趣があります。ぼくなどはデヴィッド・ヘスが変顔をしたりネチネチと感じ悪いセリフをしゃべるのを見るのが楽しくて仕方がないので、『真夜中の狂気』を「スター映画」のようなものとして——いや実際に「スター映画」なんですが——観ている部分があります。

たっぷり拝めるのはデヴィッド・ヘスの変顔だけではありません。スクリーンには、（デヴィッド・ヘスの変顔と交互に）アニー・ベルの裸身もたっぷり映し出されます。本作に登場する女の人はみな全裸になるシーンがあります。１９７０年代から80年代初頭にかけての映画には今だと考えられないほどヌード場面が頻出するんですが、特に当時のイタリア映画の「とにかく裸は出せるだけ出しておけば間違いない！」という確信には凄まじいものがあります。インターネットもなく、アダルトビデオも存在しない時代にあって、女の人の裸を目当てに映画館に来る人は沢山いました。子供の頃を思い返してみても、テレビでやっている外国映画には何かというとすぐ女の人の裸が映るので（そして親がチャンネルを替えてしまうので）「大人の映画というものは、とにかく女の人が裸になるものなんだなあ」と思っていたほどです。映画とヌーディティそしてセックスの関係には複雑な歴史があり、海外ではそのことについての研究書がいくつも出版されているほどです。

そんなわけで見せ場には事欠かない『真夜中の狂気』ですが、デヴィッド・ヘスのユニークな芝居とアニー・ベルのヌードが満載とはいえ、それだけでは本作もありがちな「監禁もの」映画に終わっていたかもしれません。この映画を唯一無二のヘンテコなものにしているのは、ラスト近くに登場する超・強烈なシーンがあるからです。金持ちの館に侵入して狼藉を働いていたデヴィッド・ヘスは、終盤に至ってついに金持ちの１人に拳銃で股間を撃たれてしまいます。ここまでは容易に予想がつくことです。しかし彼が股間を撃たれた瞬間、映画の時空がねじ曲がります。

問題の股間を撃たれたシーン

膝を撃たれたヘスが、プールサイドでよろよろと立ち上がり、2発目の銃弾に股間を吹き飛ばされたそのとき！　ただでさえ面白いデヴィッド・ヘスの顔が超スローモーションでグワーッと歪み、「ギャァ～」という声が無限に引き伸ばされて、さらに悲鳴のピッチがぐんぐんと上がっていきます。異常なテンションに満ちた、なんとも形容しがたいシネマティックなモーメントがここにあります。

死の瞬間をぐーっと引き伸ばして見せるのは映画の得意技の1つで、ダリオ・アルジェント監督『4匹の蝿』（1971年）のラストだとか、ルチオ・フルチ監督『マッキラー』（1972年）のラストなど、一生忘れられないインパクトを残す名シーンはジャ

問題の股間を
撃たれたシーン

ンル映画にも沢山ありますが、『真夜中の狂気』のデヴィッド・ヘスの最期は、多くの「無限に引き伸ばされた死」表現の中にあっても、ひときわ際立って素敵にワイルドな場面だと思います

最後になりましたが、『真夜中の狂気』の音楽は『食人族』『世界残酷物語』（1962年）などでおなじみのリズ・オルトラーニで、ファンキーなポップ・サウンドとメロウなラブソング調の音楽の2本柱で迫ります。画面で起きていること（事実上のレイプとか）にまったくそぐわない、美しいメロディが延々と流れるさまが『真夜中の狂気』の魅力を一段と高めていることは言うまでもありません。というわけで『真夜中の狂気』、ぜひ『鮮血の美学』『ヒッチハイク』と合わせて「デヴィッド・ヘス劇場」を楽しんでみてはいかがでしょうか。

サイコパスに捕らわれた出口のない恐怖

クリーピー 偽りの隣人

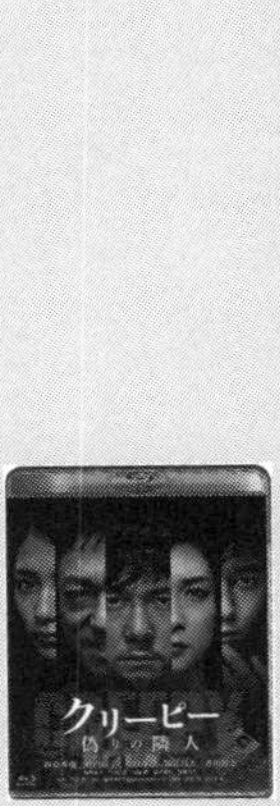

2016年／日／監督：黒沢清／出演：西島秀俊、竹内結子、川口春奈、東出昌大、香川照之ほか

黒沢清監督の『クリーピー／偽りの隣人』は素晴らしい映画だと思います。ぼくがなぜこの作品にここまで心奪われたのか、それを先に書いてしまうと、端的に言って本作が表現主義の映画だからです。

表現主義、というと、映画好きの皆さんはすぐに「ドイツ表現主義」の作品、すなわち『カリガリ博士』（1919年）や『吸血鬼ノスフェラトゥ』（1922年）などを思い浮かべることだと思います。いびつで絵画的な背景、その背景と溶け込むような奇怪なメイクアップや衣装。こうしたものはすべて、人間の内面の恐怖なり感情なりを「外的に表現した」ものです。

だから「表現主義」といいます。ぼくは表現主義の画家も大好きで、オスカー・ココシュカだとかジョージ・グロス、エルンスト・キルヒナー、エゴン・シーレ、そして特にお気に入りのオットー・ディックスらの作品には、幼い頃から心奪われてきました。

表現主義はまた、自然主義の対抗概念でもあります。自然主義は、ものごとをよく観察して「ありのままに描く」ことによって、「美化」することを避けようとする考え方で、もともとはフランスの文学運動を発端としています。ぼくはそれが「リアル」かどうか、ということよりも「内面の投影としての」歪んだ世界を見せてくれるものの方が好きで、だからこそずっと、表現主義的な映画や絵画、文学に強く惹かれてきました。

ところで、特に「表現主義」を謳っていなくとも、多くの場合映画は表現主義的なものです。悲しい事件のあとにお約束のように雨が降るのも、悪夢のような一夜が過ぎたのち、表に出るとさんさんと太陽が照っているのも、すべて表現主義がそのベースにあります。最近ではあまり見なくなりましたが、何か魂胆がある人間がものを考えているとき、目のところにだけ強い光が筋のように当たる表現もかっこいいですよね。ベラ・ルゴシの映画ではそういう表現が多出します。『魔人ドラキュラ』（1931年）や『ホワイト・ゾンビ／恐怖城』（1932年）などはその筆頭です。

『クリーピー』は奇怪な隣人に翻弄される夫婦を描いたスリラーです。高倉、という夫（西島秀俊）は引退した元・刑事で、自称サイコパスの専門家として大学で犯罪学を教えています。かつて8人も殺したサイコパスを取り調べ中に、そいつに脱走されたあげく警察署内で人質を殺され、自らも大怪我を負うという大失態をしでかしたので、刑事が続けられなくなって今の職に就いたのです。妻の康子さん（竹内結子）は、夫と一緒に郊外の小さな町の一軒家に引っ越してくるのですが、隣の家に住んでいた男が曲者でした。

その男は西野といって（香川照之）、どうにもとらえどころがないというか、普通に礼儀正しかったかと思うといきなり人をなじったりするような、とても変わった人物です。西野には澪という「娘」と、あと姿をなかなか見せない「妻」がいるのですが、予告を観た人ならご存じのとおり、この「娘」が「あの人、お父さんじゃありません。全然知らない人です」と言う場面は本作の見せ場の1つです（予告で見せてしまうのがちょっと勿体ない気がするほどです）。

題名の『クリーピー』は英語で「薄気味悪い／身の毛のよだつような／ぞっとする」というような意味です。『クリープショー』（1982年）の「クリープ」と語源は同じです。本作で香川照之扮する西野と、彼の所業が「クリーピー」なのは当然として、西島秀俊演じる「いいもの」側の高倉が輪をかけて極度に「クリーピー」だということは指摘しておく必要があります。これについてはあとで述べます。

▶『クリーピー』予告

引っ越してきたばかりの高倉夫婦は、ご近所に挨拶回りに行くのですが、1つ隣の家のおばさんはやけに感じ悪いし、奥まったところにある西野家は門のブザーを押しても誰も出てきません。なんか嫌なところに越してきちゃったのかな……という不吉な予感で映画は幕を開けます。

『クリーピー』の物語のもう1つの軸となるのは、3年前に発生した一家行方不明事件です。この事件では、一家全員が行方不明になったにもかかわらず、当時中学生だった女の子だけが発見されていました。この女の子は本田早紀（川口春奈）といいますが、彼女は事件の記憶をほとんど持っていません。大学の仕事の合間に、興味本位でこの一家行方不明事件のことを調べ始めた高倉は、その背後に思ったより深い闇が広がっていることに気づき始めます。のちのち分かってくるのですが、要するにこの事件にも隣人の「西野」が関係していたのです。

『クリーピー』
予告

『クリーピー』で最初に西野が登場する場面は印象的です。一度訪ねて行って不在だったので、日を改めて高倉の奥さんが西野の家に足を運びます。しかし呼び鈴を押してもやっぱり返事がないので帰ろうと思った矢先、西野が庭先に姿を現します。この場面では、おそらくコンピュータを使って細かく加工しているのだと思いますが、西野の顔が庭の緑にまぎれて、ちょうどカメレオンのように背景に溶け込んで見えます。これは西野が社会の中にそれこそ「カメレオンのように」身を潜めている人物であることを示しているのだと思います。ここでは「カメレオン」的な人物が背景の中からすうっと姿を現す瞬間を、テクノロジーを使って表現しているわけです。というと、デイヴィッド・リンチの『ブルー・ベルベット』（1986年）で、サンディ（ローラ・ダーン）が暗闇からすうっと姿を現す場面を想起しますが、『クリーピー』の西野が登場するところも、意味合いはまったく異なれど、同じように見事な登場シーンだと思います。

『ブルー・ベルベット』と『クリーピー』の共通項は他にもいくつかあります。高倉の部下は、3年前の一家行方不明事件の現場だった空き家に侵入して、そこで布団圧縮袋に詰められてミイラ化した死体を発見します。そのすぐあと、1シーン、短い場面を挟んでのことですが、高倉の奥さんが掃除機をかけているのが映ります。厳密には「ジャンプカット」ではありませんが、「布団圧縮機」と「掃除機」が接続されることでぞっとするような効果をあげています。この場面には、『ブルー・ベルベット』で切断された耳を見せられた鑑識の人が「うむ、これは明らかにハサミで切られた耳だね」と言った次の瞬間、耳が発見された現場の野原に渡された「立ち入り禁止」のテープがハサミでカットされる見事な「ジャンプカット」を思い起こさせる感覚がありました。凶器について言及された直後に、その「凶器」が日常で使われている様子が映るという構造が同じなのです。

西野の家は、一見普通の一軒家なのですが、玄関の脇にぽっかりと暗い入り口が開いていて、その先の薄暗い廊下を進んでいくと、いわゆる「無響室」、音の反射をなくすための特殊な壁を備えた不気味な半地下の部屋にたどり着きます。廊下と「無響室」のセットは本当に惚れ惚れする出来栄えです。明かり取りの小さな窓が上の方にあるだけの廊下は、薄汚れたコンクリートがむき出しで、昼でもどんよりと薄暗いままです。その先にある「無響室」は、廊下に輪をかけて、「すえた」臭いが立ち込めるような、限りなく不吉な場所であることがひと目で分かる造りで、入り口を塞ぐのは重そうな鋼鉄製の巨大な扉です。この扉が『悪魔のいけにえ』（1974年）の引用であることは論を俟《ま》たないでしょう。

『ブルー・ベルベット』に登場するドロシー（イザベラ・ロッセリーニ）の部屋は、映画の中で重要な役目を果たしています。そこはドロシーの生活の場であるだけでなく、彼女が怪人フランク（デニス・ホッパー）の変態的なセックスの相手をさせられる監獄でもあります。ドロシーは同じ部屋で主人公ジェフリーと関係を持ちます。さらに映画の最後、死体がまるで現代美術のインスタレーションのように配置されていたのもこの部屋でした。ただれた30代の歌姫ドロシーと、その引き裂かれた内面を象徴するかのような、淫猥で不気味な雰囲気がそこには漂っていました。西野の「無響室」というか、西野の家全体も、同じように西野の暗くねじれた内面を反映したものとなっています。

先にも書いたように、西野の家は2軒並んだ家の間の奥まったところにあります。通りから1本引っ込んだところで、両脇を「普通の」家にガードされる形で建っている西野宅は、彼の狂った生き方が社会の中に「埋もれている」ことを直接的に反映しています。だから映画の終盤、別の新天地を求めて旅立った西野は高台から望遠鏡で「同じ配置」の家を探すのです。3年前の一家行方不明事件の家が同様の配置だったのも、まったく同じ理由によるものです。西野が生きていけるのは「普通の人」の生活の間の、奥まった領域だけなのです。

西野宅の玄関は一見普通に見えますが、そこに来た人間はみな一様に何か不気味なものを感じ取ります。玄関のすぐ脇に開いた、暗い廊下へと続く入り口から死の臭いが漂ってくるからでしょうか。「一見普通に見えるが、すぐに普通でないことが感覚として分かる」というのは、西野に出会った康子さん（や観客）が感じる西野の印象そのものでもあります。西野の家は「西野という人物」を表現主義的に表したものです。最初、康子さんが玄関に足を踏み入れる場面では、挨拶する西野の背後に「暗黒世界への入り口」たる真っ黒い影のような入り口が見え隠れしていました。人当たりが良いことを言っていても、西野の後ろにはいつも暗闇が口を開けているのです。

そう考えると、殺人や死体遺棄の現場となっている部屋が「無響室」で、入り口に鋼鉄の扉があることもすっと納得できます。おっと、その前に廊下もありました。暗く、じめじめした廊下には、上の方に開いた小さな明かり取りの窓からかすかな光が差し込んでくるだけです。西野にとっての外界、一般の「現実」はそういう「かすかな光」のようなものでしかないのでしょう。

「無響室」は西野の心の最深部です。設定上は、おそらく前の主人（西野に殺されています）がオーディオ・マニアだったということのようで、打ち捨てられたオーディオ機器がいくつか置かれているのが確認できますが、それはあまり問題ではありません。そうではなくて、誰かが大声を出しても壁に吸収されてしまい、外に聞こえないということが重要です。他人の言うことが西野の中で無化されてしまうことを、しっかりとビジュアルとして見せるために「無響室」というセッティングが必要だったんだとぼくは思います。またその「無響室」の床下収納にいくつもの死体が隠されている、というのも西野自身の内面と一致する部分でしょう。さつきは『ブルー・ベルベット』を例にとりましたが、こちらは当然『悪魔のいけにえ』と深い関係があります。『悪魔のいけにえ』は形を変えた「青ひげ」物語である、つまり昔から語り継がれてきた「開かずの間」の恐怖が『悪魔のいけにえ』の根底にある、と指摘したのはハロルド・シェクターの著書『体内の蛇——フォークロアと大衆芸術』でした。西野の「無響室」は、鋼鉄の扉という直接の引用を別にしても、『悪魔のいけにえ』と同様、「入ってはいけない部屋」の恐怖を体現したものであるはずです。

ここまで、主に西野に限って話を進めてきましたが、『クリーピー』の凄みは西島秀俊演じる「主人公」の高倉が、その実、西野の写し鏡というか、同様に狂った人間だというところにあります。高倉はプライドだけが異常に高く、共感能力を欠いた非常に不愉快な人物です。彼はサイコパス研究の専門家ですが、本人が実はサイコパスそのものなのです。

西島秀俊というカッコいい俳優が演じているので目を奪われがちですが、高倉が最低の人間であることは映画の隅々で示されます。彼の言葉にはまったく何の重みもありません。いつも薄っぺらい、通り一遍のことしか言わない、しかし自分は正しいと信じて疑わない男……と聞けば、「それはちょっとやばい奴なんじゃないか」と誰もが思うでしょうが、高倉という男はまさにそういう人間です。

高倉は奥さんの康子さんとまったくコミュニケーションがとれていません。むしろ、コミュニケーションをいつも自分から断ち切っている。たとえば、西野に出会った高倉は帰宅してこのように言います。

「西野さんに会ったけど、初対面なのにボロカスに言われたよ」

「どんなことを言われたの?」

と奥さんが聞き返すと、

「いいんだ、もう忘れよう」

と、そこで話を終わらせてしまいます。

同様の会話の断ち切り方は別の場面でも繰り返されていて、

「今日は嫌なことがあったよ」

「何が?」

「いや、いいんだ、もう忘れることにした」

って、これは「会話」とは呼べません。ところが、そういう部分が非常に注意深く演出されていて自然に見えるため、初めて『クリーピー』を観る観客には、高倉という男の異常性が後半になるまで分からないようになっています。

高倉はプライドが高いので、かつての部下が大学に訪ねてきたとき、例の8人殺しの聴取で失敗したことを思い出すと、いきなり激昂して机を叩きつけます。また、一家行方不明事件の生き残りの少女を聞き取り調査しているときも、相手の気持ちをまったく考えずにグイグイと失礼な質問を次々とぶつけます。のちに高倉はこの少女に「それでもあなたは人間なんですか？　人の心ってものを持ってないんですか？」と吐き捨てるように言われるのですが、これは西野について別の隣人が言っていたこととまったく同じです。高倉家の隣の女性は、西野のことを「あいつは鬼です。人の心を持っていないんです」と言っていました。

高倉は〈サイコパス〉の西野を追い詰める「正義の人」だと自分では思っていますが、その実、西野を超える（かもしれない）サイコパス的な人物です。だから映画の後半、高倉に「お前はサイコパスだ、哀れに思うよ、気の毒な病人だって……」と言われた西野は思わずきょとんとしてしまうわけです。それはそうでしょう、西野にしてみれば、独善を振り回し、自分の大事な「生活」をどんどん破壊しにかかってきた上、身勝手にも自分が「正義」だと思っている高倉こそが真の「サイコパス」に見えているに違いありません。

高倉の方が西野よりまずいサイコパスなのではないか、と思うに足る理由はほかにもあります。西野の家は西野の内面を反映している、とさっき書きました。個々の小道具の由来にはストーリー上いろんな意味を持たせることができますが、奇怪な掃除機から「無響室」の造りに至るまで、西野宅は何もかもが西野の色に染まっています。鉄製の無骨なベッドも、黄ばんだ蛇腹のプラスチック・カーテンも、テレビに映るいじめまがいのお笑い番組も、すべて西野という人物の奇怪ではあるけれど（ある意味）豊かな内面の表れです。

一方、高倉はどうでしょうか。彼の家は無味無臭で、本が少しある以外インテリアに「味」というものが皆無です。照明器具など、いくつか薄い特徴が認められるものはどうやら奥さんの趣味のようです。高倉は西野よりずっとずっとカラッポで、コミュニケーションもとれず、独善的で危険なサイコパスの人なのです。

大学で高倉が別の教員にものを尋ねる場面があります。

「（授業がない）空き時間、大学の先生っていうのは何をして過ごしているの？」

聞かれた方は驚いて、こう答えます。

「いや……それぞれ皆さんの研究をしているんですよ」

仮にも大学で教鞭をとっている人間（高倉）が、「授業のない時間は何をしていいか分からない」というのは明らかに異常です。警察を辞めて大学に来たばかりだから勝手が分からない、という風に解釈することは可能ですが、ぼくはこれも高倉の異常性の表れだと思います。

他人が何をしているかということにまったく関心を払えず、自分が何をすべきかも分かっていない男——興味本位で「サイコパス」や「殺人事件」に頭を突っ込む以外は——それが高倉です。

映画の終盤、西野の家に乗り込んだ高倉は、薬物で朦朧としている奥さんに話しかけます。なおこの「薬物」に関して、それが「実際には」何であり、どういう働きがあるのか、というのはそれほど重要ではありません。確かにあの薬物の作用は不明ですが、西野という人物が他人に対して持つ「コントロールする能力」の象徴だと思えばいいと思うからです。『クリーピー』が表現主義の映画である、と考えれば、この薬物が「実際には何で、人にどう作用するか」ということに対する自然主義的な「説明」にあまり意味がないことは明らかでしょう。

薬物でフラフラしている奥さんはこう言います。

「あたし、引っ越したら何かいいことあるかと思ってたんだけど……もうどうでもよくなっちゃったんだよね」

これは奥さんの偽らざる気持ちです。家で高倉を待ちながら夕飯の用意をするだけの毎日。食卓で交わされる「会話になっていない会話」。知り合いもおらず、孤独で、しかも最も相手にしてくれるべき夫が「心のない怪物」なのだから、奥さんがそう感じるのも理の当然でしょう。

奥さんが西野に引き寄せられていくのを示す場面が映画の中盤にあります。そこで西野は奥さんにこう問いかけます。

「ねえ康子さん、ご主人と私、どちらが魅力的ですか？」

康子さんは絶句しますが、西野は畳みかけます。

「ねえ、どっちが魅力的な男だと思いますか？　感覚としてでいいんです」

これに康子さんが屈したことは、後半西野が康子さんにキスしかける場面（一瞬ですが、それと分かるように撮られています）があるので間違いないのですが、先にも書いたように、西野は確かに狂ってはいるものの、その内面には一定の「広がり」がある。しかし高倉の内面は虚ろで「味がない」。それを比較させるために西野は「魅力的」という言葉を選んだのではないかと思います。

虚無的なことを言う奥さんをガッと抱きしめて（これがもう嘘くさくて、というか「そういう風にするものだと思っている、というだけの理由でそういう風にしている」感にはぎょっとさせられます）、高倉はこう言います。

「康子、すまない！　君の気持ちをオレは全然理解できていなかった！」

なんという安っぽさ、なんという薄っぺらさでしょうか。

「きっとやり直せる！　オレが全力で君を守る！」

西野でなくても呆れて二の句が継げなくなってしまいそうです。あまりにも空虚すぎる。


「薄気味悪い＝クリーピー」なのは、いったい西野でしょうか、それとも、壊れてしまった奥さんを前にこんな紋切り型のセリフしか言えない高倉の方でしょうか。


奥さんと高倉（やはり薬物でフラフラにされています）、その飼い犬のマックス君、それに「娘」を車に乗せて、西野は新たな土地を目指します。車の中で西野が叫びます。

「ようし、まだまだ行くぞ！」

この〈ドライブ〉の場面は、わざとスクリーン・プロセス風の映像になっていて、車の外は渦巻く暗雲と立ち込める霧です。画面の彩度も極度に落としてあって、まるで白黒映画のように見えるこの〈ドライブ〉シーンが持つ異常なまでのグルーヴ感には凄まじいものがありました。ぼくはこの場面のシネマティックな盛り上がりに大興奮してしまいました。なぜかといえば、ここに来てついに西野が「世に解き放たれた」感覚があったからです。F・W・ムルナウ監督の大作『ファウスト』（1926年）ではオープニング、荒れ狂う雲の中を骸骨の馬に乗って飛行する黙示録の四騎士が映ります。この四騎士は災厄がやってくることを告げています。大天使と悪魔が賭けをしたことで、街を疫病が襲うのです。この疫病は巨大な翼を持つ悪魔の姿で表現されました。ミニチュアの街を「疫病」が大きな翼で覆い尽くすカットの不吉さと美しさには息を呑みます。

▶ ムルナウ『ファウスト』オープニング

▶ ムルナウ『ファウスト』レストア版DVD予告編

世に「災厄が放たれた」ことをムルナウはこのように表現主義的に映像化したわけですが、『クリーピー』の〈ドライブ〉の場面は、同じように「災厄が解き放たれた」雰囲気を濃厚に漂わせています。画面としてだけ見ると『クリーピー』の〈ドライブ〉

『ファウスト』
オープニング

『ファウスト』
レストア版DVD
予告編

場面は『ナチュラル・ボーン・キラーズ』（1994年）のやはり〈ドライブ〉場面を連想させるものですが、意味合いから考えるとやはり『ファウスト』の四騎士の飛行の方が近いのではないかと思います。それまで「内面」たる家に引きこもっていた西野が、ついに次なる獲物を求めて街に出てしまった！　そこには映画的なカタルシスがあります。「やったあ！」と叫びたくなるような（まあここで「やったあ！」というと世間的には白い目で見られるんでしょうが、そういうことでなく、あくまで映画的な）高揚感、解放感があります。

「まだまだ行くぞ！」

実は、ぼくは初めて観たとき『クリーピー』がここで終わってもいいんじゃないかと思ったほどでした。初見のときは、このあとのエピローグ場面がどうにも余計に感じられたのです。しかし、見直してみて考えが変わりました。確かに「まだまだ行くぞ〜！」で終わることはできたかもしれませんが、しかし、あのエンディングは別の意味でやはり必要でした。

エンディングでは愛犬マックスを殺すよう西野に命じられた高倉が、「これがお前の弱点なんだ！」といって西野を射殺してしまうのですが、それは別にどうでもいい……といったら語弊がありますが、それは物語上、一応の決着をつけなくてはいけないということの表れのように思えます。

そのあと、西野の「娘」が、犬のマックス君と去っていくところはもうちょっと重要です。というのも、「マックス〜！ アハハハ！」と笑いながらお嬢さんが犬を追っかけていき、そのままフレームアウトしていなくなってしまうところが、これまた『悪魔のいけにえ』オマージュだからです。具体的には『悪魔のいけにえ』のラスト、通りかかったトラック「ブラック・マリア号」の運転手が、走って逃げたかと思うとフレームアウトしていなくなってしまうことの再現ではないか。そうぼくは確信しています。

「娘」が去ってしまったあと、高倉はよろよろと奥さんに近づき、ぎゅっと抱きしめます。抱きしめられて、奥さんは絶叫します。これは恐怖の絶叫であり、西野から解放された安堵の絶叫ではないとぼくは思います（安堵の絶叫、と受け取る人も多いと思うし、それはそれで構わないです）。奥さんの康子さんは救われなかったのです。それどころか、生涯逃げられない地獄に自分が囚われていることに気づいてしまったのです。コミュニケーションの通じない旦那さんとの、うつろで意味のない人生に囚われていた康子さんは、西野に誘惑され、いいように使われたことで「意味のない人生を終わらせる意味」を見いだしていたんだと思うんです。

「あたし、もうどうでもよくなっちゃったんだよね……」

と言ったのは「どうでもいい人生なのだから、このまま何もないふりをして空虚な〈日常〉

を演じ続けるよりは、たとえ狂人に操られるだけだとしても、まだその〈意味のなさ〉にけりがつけられる、なぜなら価値のない人生だったのだから、そこに価値があるふりをするよりも、とことん堕ちた方が正直な生き方（あるいは死に方）なのではないか」と感じたからではないでしょうか。偽りの人生を続けるより急速で落下した方がまし、という考え方には一定の理があるように思います。

しかし、「まだまだ行く」はずだった暗黒紀行は、西野の死によって終わらされてしまいました。そして、自分のことをこれっぽっちも考えていない、からっぽでサイコパスな男が至極当然のように、さも自分が救ってやったと言わんばかりにがっちりと抱きしめてきて……そしてもう永遠に離してもらえない。ここに来て、康子さんは本当の本当に壊れてしまったのだとぼくは思います。本当に思いやりのかけらもないサイコパスの人生に自分が組み込まれて、そこから脱出する手立てが永遠に失われてしまった。その恐怖と悲嘆が、康子さんの口から身も凍るような絶叫として噴出したのが『クリーピー』のラストではなかったでしょうか。

それは、「脱出に成功した」にもかかわらず回復不可能なまでに壊れてしまった『悪魔のいけにえ』のサリーの絶叫とも通じる、真のホラー映画のエンディングにふさわしい魂の絶叫だったと思います。

悪魔の儀式

魔術はそれを完全に信じている人の間にのみ効果がある

1973年／米／監督：ジョージ・A・ロメロ／出演：ジャン・ホワイト、レイモンド・レイン、アン・マフライほか

『悪魔の儀式』は『ナイト・オブ・ザ・リビングデッド』（1968年）や『ゾンビ』（1978年）のジョージ・A・ロメロ監督、1973年の作品です。

原題は『シーズン・オブ・ザ・ウィッチ（魔女の季節）』といいます。ロメロは当初からこのタイトルを考えていましたが、製作中は『ジャックの奥さん（Jack's Wife）』という仮のタイトルがつけられており、また公開時には配給のジャック・H・ハリスによって『飢えた妻たち！（Hungry Wives!）』という題名に変更されてしまいました。またロメロが最初に編集したバージョンは130分あったそうですが、公開にあたって89分に短縮されています。このように題名や上映時間（尺）が変更された背景には、本作をソフトコア・ポルノとして売り出したいという配給側の思惑がありました。

ロメロが編集した130分のバージョンは切り刻まれて編集室の床に消えてしまいましたが、のちにフィルムの断片が発見され、再びそれを繋ぎ合わせることで104分のバージョンができました。この104分バージョンは洋盤にしか収録されておらず、日本で出ているVHSやDVDは89分の「劇場公開版」なので、今回のレビューもそれに準じています。たしか、ずいぶん昔に洋盤のDVDを買った記憶があるので、段ボールの山をひっくり返せば出てくると思うんですが……今度捜してみることにします（と、メールマガジンに書きましたが、いまだ捜索に手をつけていません。これはひとえにぼくが面倒くさがりだからです。すみません）。

1978年に『ゾンビ』が商業的な成功を収めたことで、本作はめでたく再公開されることになります。そのときに題名を当初の構想どおり『シーズン・オブ・ザ・ウィッチ』に戻すことができました。

初公開時に題名を『飢えた妻たち！』に変えた張本人のジャック・H・ハリスは『4Dマン／怪奇！壁ぬけ男』（1959年）や、『マックイーンの絶対の危機』（1958年）とその続編『人喰いアメーバの恐怖2』（1972年）、それに『最後の海底巨獣』（1965年）や『ダークスター』（1974年）など、数々のジャンル映画で知られるプロデューサーです。

- 『4Dマン／怪奇！壁ぬけ男』予告編
- 『マックイーンの絶対の危機』予告編
- 『人喰いアメーバの恐怖No.2』予告編
- 『最後の海底巨獣』予告編
- 『ダークスター』予告編

ジャック・H・ハリスは映画会社「良き知らせ映画社（グッド・ニュース・プロダクション）」と提携して巨大アメーバが人間をムリムリ食い散らかす『マックイーンの絶対の危機』や、天

『4Dマン／怪奇！壁ぬけ男』予告編

『マックイーンの絶対の危機』予告編

『人喰いアメーバの恐怖No.2』予告編

才科学者が分子構造を変換してムリムリ壁を通り抜ける『4Dマン』などを手がけていたのですが、この「グッド・ニュース・プロダクション」はもともと短編の宗教映画を作っていたグループで、『絶対の危機』監督のアーヴィン・イヤワースはそこの代表でした。

なので『絶対の危機』や『4Dマン』の製作中は毎朝、撮影前にスタッフ全員で輪になって手を繋ぎ、神に祈るのが習慣になっていたそうなんですが（!）、元祖・巨大人喰いアメーバ映画や、科学者が壁をすり抜けて宝石泥棒をがんばる映画を作っている最中、スタッフが毎日みんなで神様にお祈りしていたと思うと感慨深いものがあります。ただ、昔のアメリカの低予算映画界隈では、このようにして教会あるいは教会とパイプを持つ宗教映画製作会社が組んで、資金を調達する方法はそれほど珍しいものではありませんでした。ティム・バートンの『エド・ウッド』（1994年）にもそのようなシーンが出てきます。

『最後の海底巨獣』
予告編

『ダークスター』
予告編

▶『エド・ウッド』より、教会に資金を出してもらうため、スタッフ・キャストみんなで洗礼を受ける場面
（動画の4：25あたりから）

『悪魔の儀式』はジョージ・A・ロメロが『ナイト・オブ・ザ・リビングデッド』、『ゼアズ・オールウェイズ・バニラ』（1971年／日本未公開）に続けて撮った3本目の長編映画で、主演はジャン・ホワイト。女優としての彼女はリー・レミック主演の『タッチ・ミー・ノット』（1974年／日本未公開）というスリラーのほか、テレビドラマの出演がちょっとあるだけですが、CMにいくつも出ていたことから本作への出演が決まりました。当時ロメロの会社はCMを手がけていたからです。

本作の主人公は39歳の主婦ジョーンです。彼女にはジャックという夫と娘のニッキーがいますが、夫は仕事で出張ばかり、娘は19歳になって手を離れているため、ぽつんと家に取り残された形のジョーンは言いようのない孤独感を常に感じています。

『エド・ウッド』より、
洗礼を受ける場面

彼女が抱えているのは孤独感だけではありません。自分の人生はこんなものなのか、という寂寞感。主婦として家に縛りつけられ、自由が失われているもどかしさ。さらには老いの恐怖が彼女をキリキリと締め上げます。『悪魔の儀式』のオープニングはそういうジョーンの心境を反映した悪夢の場面です。この映画は随所にジョーンの悪夢を挟み込むことで、現実の彼女の生活と彼女の内面がモザイクのように絡み合う構成になっています。その雰囲気は予告編からも伝わってきます。

▶『悪魔の儀式』予告編

▶『悪魔の儀式』予告編
（こちらは公開時の『飢えた妻たち！』バージョン）

ジョーンの数少ない楽しみは、主婦仲間とのおしゃべりや飲み会くらいですが、そんなとき、知り合いの1人から「魔女」の店

『悪魔の儀式』
予告編

『飢えた妻たち!』
バージョン

を紹介されます。占いがよく当たるというのです。興味を抱いたジョーンはお店に足を運び、そこで出会った「本物の魔女」に強く惹きつけられます。

　ところで魔女といえば、サンダンス映画祭で監督賞を受賞した『ザ・ウィッチ』（2015年）という作品がありました。

▶『ザ・ウィッチ』予告編

『ザ・ウィッチ』は17世紀アメリカのニューイングランドを舞台にした、とてもシリアスな魔女映画です。ちょっと手前味噌になってしまいますが、この『ザ・ウィッチ』のプレスシートにぼくも寄稿させていただいているので、冒頭部分をちょっと引用したいと思います。

（『ザ・ウィッチ』プレスシートより以下引用）

『ザ・ウィッチ』
予告編

魔女は今でも実在する。かつてと同じように活動する者もあれば、そうでない者もいるが、魔女、および魔術は21世紀の現在も厳然と存在し、その権勢は衰えることを知らない。

20世紀は魔女の名誉が大きく回復された時代であった。長きに渡って恐怖と嫌悪の対象だった魔女は、カウンターカルチャーの興隆とともに、自然の媒介者、あるいは抑圧からの解放の象徴として新たな枠組みで捉え直されるようになった。魔女が体現する女性原理が、抑圧的で父権的なキリスト教思想を無化するものとして称揚されるようになり、黒い聖母やリリスと並んで女性解放運動のシンボルとなったのである。ウィッカ、ウィッチクラフト、ドルイド（ドルイダス）……復興異教主義、いわゆるネオ・ペイガニズムの勃興は無視できないスケールで進行中であり、日々、新たな魔女が世界中で誕生している。

ロメロの『悪魔の儀式』は女性解放運動、いわゆる「ウーマン・リブ」真っ盛りの時代に作られた作品です。ロメロは同時代の社会問題を巧みに自作に取り込むことに長けたホラー映画監督ですが、『悪魔の儀式』も例外ではありません。この映画は「家庭に縛りつけられた、旧い女性」のジョーンが、その枷を「魔術」によって飛び越え、自らを解放する物語であり、ロメロ自身もそのテーマをいたく気に入っていたとのことです。本人も「敢えて自分でリメイクしてみたい作品の1つだ」と明言していたのですが、残念ながらリメイク企画が実現する前に亡くなってしまいました。本作はとても低予算だったので、ちゃんと予算をかけてしっかりと作り直したいという気持ちもあったんだと思います。

引用した『ザ・ウィッチ』プレスの原稿でも触れていますが、ウーマン・リブと現代の魔女の興隆はしっかり結びついています。60年代後半から70年代にかけて魔女やウィッカが抑圧からの解放、及び女性原理の復権の象徴として機能したことは間違いなく、その文脈において女性解放運動と魔女には深い関係があります。その関係は今も続いています。

▶ 1970年代の実際の「魔女」のインタビュー

1970年代の実際の
「魔女」のインタビュー

「魔女」を肯定的な文脈で読み解き直す、このようなムーブメントの背景には当然のことながら１９６６年に発足した「チャーチ・オブ・サタン」の影響があり、また当時のカウンター・カルチャーにおけるオカルティズムへの多大な傾倒がありました。

▶『サタニス』（１９７０年。チャーチ・オブ・サタンの黒ミサのドキュメンタリー）

ロメロが『サタニス』を観ていたかどうかは定かではありませんが、『悪魔の儀式』に出てくる魔女の儀式の場面や、ジョーンの悪夢の場面における広角レンズを多用した演出は、ひょっとしたら『サタニス』を意識しているのかもしれません。なおロメロ自身は『悪魔の儀式』の悪夢場面は、当時ピッツバーグにあったアート系映画館によくかかっていたヨーロッパのアート映画、特にフェリーニのスタイルに影響を受けたと語っています。

『悪魔の儀式』の悪夢場面はかなりアヴァンギャルドなもので

『サタニス』

すが、先にご紹介したウェス・クレイヴンの『ジェシカ／超次元からの侵略』（P.60）という、こうした昔の低予算映画を観る楽しみの1つが、予想のつかない分裂症的な編集や、ヘンテコリンなカメラ・アングルにあることは間違いありません。近年、低予算映画の世界がどんどん（不必要なまでに）洗練されてきていることをぼくはおおいに不満に思っています。「それっぽい画」がうまく繋がった作品がそれなりに立派に見えることは確かですが、観ていて落ち着かない気持ちにさせられる妙なしこり、ヘンテコな感覚のようなものが失われつつあるのは残念なことです。

『悪魔の儀式』はおそろしく低予算の映画で、出来もそこまで良いわけではありませんが（ロメロ自身も「そりゃあ、『ローズマリーの赤ちゃん』（1968年）みたいにうまくいっている映画というわけじゃないよ」と言っています）、そこにはジョージ・A・ロメロの刻印がしっかり押されているし、また今の映画からほとんど失われてしまった、ある種の自由が感じ取れることもまた事実です。

ジョーンは自分の置かれた、旧態依然とした「妻・母」という役割（及び、それを演じなければいけないという抑圧）に窒息しそうな日々を送っていますが、同時に性的な欲求不満をも募らせています。ある日、娘が隣の部屋で彼氏とセックスしている音を聞いてしまったジョーンは（このシーンは、おそろしく控えめに描写された遠回しなオナニー場面でもあります）、魔術を使うことを決意。街のオカルトショップに出かけて道具を揃えると、『魔女の手引き』なる本に従って「自分の欲望を叶え給え」と古代の神（＝悪魔）に祈りを捧げます。

『悪魔の儀式』にはいろいろ見せ場があって、特に前半、娘の彼氏（娘が通う大学の若い社会学の教師です）や友人たちと激しい言い合いをする場面が、ロメロ特有のスピーディで緊張感を伴ったカットバックで描かれるところなどにもきわめて映画的な興奮を感じるんですが、ジョーンがいよいよ「魔術を実践するぞ！」と決めて、魔術道具を買いにいく場面のモンタージュは、ドノヴァンが1965年に発表した名曲「Season of The Witch」と相まって忘れがたい印象を残します。

▶『悪魔の儀式』ドノヴァンの曲の場面

このシーンがあるということは、つまり本作も「既存の曲の題名がそのまま映画の題名になっている」作品ということです。

『悪魔の儀式』
ドノヴァンの曲の場面

そういう映画の例としては『フォーリング・ダウン』（1993年）や『未来世紀ブラジル』（1985年）、『ブルー・ベルベット』（1986年）などがあります。

魔術を行ったあと、ジョーンは念願かなって娘の彼氏と肉体関係を結ぶことに成功します。しかし、それが実際に「魔術が効いたから」なのかどうかは最後まで判然としません。そこが『悪魔の儀式』の面白いところで、この映画に登場する「一見、超常的な現象」には常に「単に現実だったのかもしれない」余地が残されています。

ジョーンは確かに魔女の儀式を行いましたが、そのあとで娘の彼氏を電話して呼びつけていました。えっ、じゃあ、単に呼んだんじゃないか、と思われるかもしれませんが、ここで重要なのは「電話をして誘っても断られるリスクがあった」ということです。ジョーンは拒否されるリスクにおびえていたため魔術に頼ったわけで、二つ返事で彼がやってきたからには、少なくとも彼女にとっては魔術に実効性があったということになります。娘の彼氏からしてみると、まったくそうではないところが面白い。『悪魔の儀式』はこの点に関して非常にきちんとした作品で、映画の前半でも「魔術は、それを完全に信じている人の間でのみ効果がある」という話が、プラシーボ効果の実験と合わせて丁寧に語られます。

ホラー／スリラー映画であるにもかかわらず、ロメロが超自然的な「外界から来る力」をそれと分かる形で映画に取り込まなかったのは納得がいきます。「女性の解放」ということをテーマにしたとき、それが新しい男であろうが、外界の「神」や「悪魔」であろうが、それまでの抑圧を代替するだけの存在を投入してしまったら、ジョーンの解放は成り立たなくなってしまいます。だからジョーンは若い彼氏に別れを告げることになるのだし、映画のラストでは夫を——半分、事故のような形で——殺してしまいます。その後、ジョーンが正式な魔女になるために参加したサバトには、彼女とほぼ同年齢の女の魔女たちしかいませんでした（「女の魔女」と書いているのは、「Witch」は男の魔術師を指す場合もあるからです）。

映画のエンディングは、再び主婦たちのホームパーティの場面です。1人、新たに主婦グループに参加したと思しき奥さんが、おずおずとジョーンのところに近づいてきます。

「あのう……私、ちょっと聞いたんですけど、あなたが、その、もしかして……？」

ジョーンはかつての自分のような彼女に向かって、きっぱりとこう言います。

「そうよ、私は魔女です」

撮影中、この台詞をジョーン役のジャン・ホワイトが言った瞬間、彼女の真上の天井にビシッと亀裂が走ったそうです。この話を、ロメロはニコニコしながら解説しています。

「天井にライトが近かったからね、熱でそうなったんだろうな。スタッフは『悪魔が本当にいるんじゃないか』なんて言ってたね。確かに、そういうおかしなことが起きることはある。だけど私は超常現象なんて、全然信じていないんだよ！」

「他の映画では絶対に観られないもの」の価値

ロボット・モンスター

1953年／米／監督：フィル・タッカー／出演：ジョージ・ネーダー、グレゴリー・モフェット、クラウディア・バレットほか

『ロボット・モンスター』は、50年代のSF・ホラー映画が好きな人なら必ず知っている作品です。映画本編を観たことがなくても、この映画に登場する宇宙人「ローマン」のあまりにユニークな造形——あるいは非・造形については、目にしたことのある人も多いでしょう。何しろ、ゴリラの着ぐるみに宇宙服のヘルメットをかぶせただけのものなのでインパクト抜群です。どうがんばって贔屓目《ひいきめ》に見ても、ゴリラの着ぐるみが宇宙服のヘルメットをかぶっているようにしか見えません（本当にそうだから仕方ないとも言います）。そんな「ローマン」が登場する『ロボット・モンスター』とはいかなる映画なのでしょうか。

▶『ロボット・モンスター』予告編

まずはあらすじをご紹介したいと思います。

ジョニー少年は、お母さんお姉さんと一緒に、何が楽しいのかよく分からない岩だらけの土地にピクニックに来ていました。近くの洞窟を訪れてみると、そこでは考古学者のおじさんとお兄さんが何やら作業中です。科学が大好きで、できれば科学者のお父さんがほしいなあと思っていたジョニー君は、おじさんとお兄さんの考古学者コンビを尊敬のまなざしで見つめます。

と、いきなり雷鳴が轟き、恐竜が取っ組み合いを始め、巨大な火の玉がドガガーンと飛来して、観客もジョニー君もわけが分からなくなってしまいます（言うまでもありませんが、そういうスペクタクル場面はよその映画のフッテージです）。

しばらくして気絶していたジョニー君が目を覚ますと、考古学者のおじさんとお兄さんの姿が消えていて、洞窟の入り口に何や

『ロボット・モンスター』
予告編

ら不審なメカが置かれていました。といっても、普通の木のテーブルの上に謎めいた機材が置いてあるだけなんですが。すると、洞窟の奥から何者かが姿を現しました。ゴリラの着ぐるみに宇宙服のヘルメットをかぶった「ローマン」です。

身を隠したジョニー君は、謎のテレビ電話で「ローマン」が司令官と話をするところを目撃します。そして彼らが地球を侵略しにきたこと、ならびに全人類が既に滅亡していて（！）、生き残りがジョニー君一家くらいしかいないという衝撃の事実を知ってしまいます。

なお、司令官は「ローマン」と同じ着ぐるみの使い回しです。これは話の後半になって分かるのですが、実は「ローマン」というのは種族の名前です。「ローマン」にはちょっと『スタートレック』の機械化種族ボーグのようなところがあって、「個人」の概念が薄いというか、種族が全体として「ローマン」である、ということのようです。映画の後半では、「個」の意識に目覚めた「ローマン」を司令官がモニター越しに「お前は悪い〈ローマン〉だ！」と叱責する場面もありますが、「ローマン」の意識構造についてこれ以上、まじめに考察してもあまり意味がないかもしれません。

「ローマン」は司令官の命を受けて、生き残りの地球人、すなわちジョニー君一家の抹殺に着手します。これはまずい、ということで、ジョニー君はあわてて家へと向かいます。

ジョニー君の家は、解体途中の家（？）のように見える、瓦礫の山になっていました。なぜって、人類が既に滅亡しているからですが、この瓦礫の山は一見無防備に見えて、目に見えないバリアーで防御されています。目に見えないバリアーなので、これといった視覚効果は皆無なんですが、一応バリアーの音という設定のピーピーガーガー音が効果音として加えられているせいで、ジョニー君の家の場面の台詞は非常に聞き取りづらくなっています。『ロボット・モンスター』は、キテレツな効果音を無神経にバンバンかぶせてあるせいで、一種のノイズ映画として観ることも可能なのではないかと思えるほどです。

家には、お母さんとお姉さんだけでなく、科学者のお父さん（さっきの考古学者です）とその助手（さっきの考古学者助手の若者です）もいました。助手のお兄さんはジョニー君のお姉さんと恋仲のようです。いつの間にか、気絶する前のジョニー君が夢見た理想の家族がそこには出来上がっていました。科学者のお父さんは非常に優秀で、家をバリアーで守っているだけでなく、「ローマン」の殺人ビームから身を守るワクチン（？）の開発にも成功していました。

このあと、お姉さんとお兄さんがつまらないことでケンカしたり、つまらないことで仲直りしたり、２人で森の木陰でドンジャラホイとしけ込んで、その勢いのまま帰宅するなり「ぼくたち結婚します！」と言い出したり、それをお父さんが「なんとめでたいことだ、さっそく私が神父役をやってしんぜよう」と言って結婚式を挙げたり、その結婚式の数分前にドンジャラホイしたばっかりだというのに、式を終えた途端にお姉さんとお兄さんが再びハネムーンと称してどっかにドンジャラホイしに出かけたりします。こうやって書くと支離滅裂に思えますが、本当のことだから仕方がありません。

▶ ドンジャラホイ中のお姉さんとお兄さんを発見して発狂する「ローマン」

▶ お姉さんをさらってきて我が物にしようとする「ローマン」（どうしていいのか分からないので、とりあえず縛り上げてブン殴ったりしています）

一方「ローマン」は「ローマン」で、生き残りの地球人の人数が6人だと思っていたら7人だったとか、そういうチマチマしたことで司令官に「お前はダメな奴だ」と叱られたり、あらためてジョニー君一家をスキャンしたときにモニター越しに目にしたお

お姉さんとお兄さんを
発見して発狂する
「ローマン」

お姉さんをさらってきて
我が物にしようとする
「ローマン」

姉さんに惚れてしまい、その結果「個」の「感情」が芽生えてしまってオタオタしたりします――そう、『ロボット・モンスター』は、「感情のないはずのロボット・エイリアンに〈恋〉の感情が芽生える」という、一種リリカルと言ってもいいほどのハートウォーミングな映画として観ることも可能です。〈恋〉の感情によって自我に目覚めた「ローマン」は実存的な悩みのループに突入してしまいます。

「女ヲ殺サナクテハ……シカシ私ニハデキナイ……殺サナクテハ……デキナイ……」

そんなローマンに業を煮やした司令官はモニターの向こうから殺人光線をビビビと放ちます。すると、いきなり雷鳴が轟き、恐竜が取っ組み合いを始め、巨大な火の玉がドガガーンと飛来して、観客もジョニー君も再びわけが分からなくなってしまいます。

気がつくと、ジョニー君は洞窟の前でお母さん、お姉さん、考古学者のおじさん、お兄さんに介抱されていました。すべてはジョニー君の夢だったのです。アハハハ、なーんだ、などと笑って一行が洞窟を離れると……洞窟の奥から、なんと「ローマン」が姿を現しました！　なんと「ローマン」が姿を現しました！　なんと「ローマン」が姿を現しました！（本当に3回出てきます）

おしまい

※念のため、このストーリー紹介に書いたことはすべて事実です。本当にそういう映画なのです。

『ロボット・モンスター』は、かなり下手っぴな映画で、おまけにスペクタクルっぽい見せ場（恐竜とか爆発とか）は全部よその映画からの借り物、という作品ではありますが、しかし「ローマン」という稀代のキャラクターを、主に予算の都合によって作り上げたことで永遠に記憶される作品になりました。「いくらなんでも、こんな適当な宇宙人があってたまるか！」と、「ローマン」を見た人は必ず思うのですが、そのいい加減さが結果的に『ロボット・モンスター』のカルト的な人気に繋がったわけですから、映画の世界というのは不思議なものです。やっぱり、いい方向であれ、悪い方向であれ、何かが突出している作品は重要です。少なくとも「他の映画では絶対に観られないもの」が観られるからです。それがどれだけ重要なことか、というのは言葉を尽くしても足りません。たとえそれがヘッポコ極まりない怪物であれ、投げやりの極地のようなエンディングであれ、「他の映画では絶対に観られない」ものがあれば、その映画の記憶は強烈になります。

この作品はエド・ウッドの『プラン9・フロム・アウター・スペース』（1959年）などと並び「史上最低の映画」と称されることがありますが、ぼくは『ロボット・モンスター』も『プラン9』も全然「史上最低の映画」とは思っていないし、そういう心ない呼ばれ方をされていることを悲しく思っています。メールマガジンで以前にご紹介したカーペット怪獣が出てくる『クリーピング・テラー』（1964年）や、マイペットの容器から毒液を川に噴出する半魚人が出てくる『Zaat』（1971年）なんかもそうですが、そういう作品も常にお客さんを楽しませようとして作られているんです。上手い、下手、という違いは確かにあるでしょうが、「何らかのお楽しみをお客さんに提供しようとしている」という点はしっかり評価されるべきだし、ましてや「史上最低」などと言われる筋合いはないと思います。見た目は立派そうでも、全然お客さんの方を向いていない映画の方がよっぽど嫌味だと思います（ここで「お客さんの方を向いていない」というのは「賞狙いで作っていることが見え見え」だとか、「わざと難しそうに作ってある」みたいなことを指します）。

ゴリラ怪人「ローマン」（と司令官）のゴリラ・スーツは、かつて12チャンネルで3D放映もされた『ゴリラの復讐』（1954年）でもゴリラを演じたジョージ・バロウズが作ったものです（というか、同じ着ぐるみです）。このゴリラの着ぐるみは現在ではロサンゼルス自然史博物館に収蔵されているそうです（今度ロサンゼルスに行く機会があったら、是非訪ねて見てみたいものです）。

『ゴリラの復讐』は別名「3D映画の黄金時代」とも呼ばれる1950年代の作品（1954年）で、ジャンルはミステリーと言っていいのかな、遊園地を舞台に殺人が起きるのですが、その犯人が果たしてゴリラか、それともゴリラの着ぐるみを着た人間なのか？　というようなお話で、クライマックスでは『キングコング』（1933年）よろしくゴリラが高いところ（この映画ではジェットコースターのレール）に登ります。キャメロン・ミッチェル、アン・バンクロフト、レイモンド・バーなど、キャストはそれなりに豪華な『ゴリラの復讐』ですが、実態は低予算のインディペンデント映画です。

▶『ゴリラの復讐』予告編

1980年代に再び訪れた3D映画ブームの中、『ゴリラの復讐』は1983年6月20日にテレビ東京で放映されました。放映に先駆けて、セブンイレブンで赤青の3Dメガネが100円で販売されたこともあって、一種のイベント上映のような期待感を胸に放映を待った記憶があります。なおぼくは赤青メガネはタダでもらえていたと思っていたんですが、調べてみたら100円だったことが分かりました。番組タイトルも『特別ワイドプレゼント

『ゴリラの復讐』
予告編

／ビュンビュン飛び出す3Dテレビ／驚異の立体映像日本初公開／画面を突き破るビックリ立体効果／仰天飛び出し大特集／出た！　ゴリラの復讐・特別編』と煽りに煽っていました。

『ロボット・モンスター』は『ゴリラの復讐』の1年前の映画で、同様に3D映画です。だからこのとき『ゴリラの復讐』の代わりに『ロボット・モンスター』が放映されていたら……

その後ジョー・ダンテ監督の『ルーニー・トゥーンズ／バック・イン・アクション』（2003年）や『メン・イン・ブラック3』（2012年）が公開されたときに、「ローマン」にオマージュを捧げた場面が入っていたことに気づく人がもっと増えたかもしれません。「ローマン」は今もなおイラストや造形物、アニメやマンガなどにたびたび登場する、とても人気のあるキャラクターになりました。『ルーニー・トゥーンズ／バック・イン・アクション』はオリジナルそのままに、『メン・イン・ブラック3』は現代風のアレンジバージョンで（手がけたのはリック・ベイカー）と違いはありますが、どちらも「ローマン」をはじめとする1950年代モンスター映画の数々に限りない愛情を捧げた作品です。

▶ジョー・ダンテ監督『ルーニー・トゥーンズ／バック・イン・アクション』舞台裏より、カメオ出演の50'sモンスターあれこれ（リメイクされた「ローマン」の勇姿がたっぷり拝めます）

▶『ルーニー・トゥーンズ／バック・イン・アクション』の「ローマン」登場シーン（「ローマン」が映るとき、オリジナルの映画同様、画面がちゃんと反転してビリビリしているところが芸が細かすぎです。というか、ジョー・ダンテの愛情が炸裂しすぎている）

『ロボット・モンスター』といえば、そのロケ地に言及しないわけにもいきません。本作のメインのロケ地とも言うべき洞窟はブロンソン・キャニオンといってロサンゼルスにあります。ここはロジャー・コーマンの低予算映画をはじめ、多くの映画やテレビで使われているロケーションで、アメリカ映画で洞窟が出てき

カメオ出演の50's
モンスターあれこれ

「ローマン」
登場シーン

たらまずブロンソン・キャニオンの可能性がある、と言っても過言ではないほどです。場所はこれまた映画によく登場するグリフィス天文台のすぐ近くです。実際にはとても小さな人工の洞窟なんですが、入り口と出口の形がまったく違ったり、中に分岐があるため撮影にはもってこいです。しかもロサンゼルスのど真ん中にあるとあって、ここをロケ地に使った作品は枚挙にいとまがありません。「金星ガニ」で有名なロジャー・コーマンの『金星人地球を征服』（1956年）の洞窟もそうだし、1960年代の『バットマン』のバットケイヴの出口もブロンソン・キャニオンです。『遊星から来た脳生物』（1957年）や『昆虫怪獣の襲来』（1957年）、『ボディ・スナッチャー／恐怖の街』（1956年）、『フレッシュ・ゴードンSpace Wars』（1974年）、『吸盤男オクトマン』（1971年）、『キャプテン・スーパーマーケット（死霊のはらわた3）』（1992年）……やろうと思えば「ブロンソン・キャニオン映画祭」を開催することもできるはずです。テレビ番組でも『スタートレック』に『特攻野郎Aチーム』に『ツイン・ピークス』に『V』にと、とんでもない数の番組に登場します。インターネット上にはブロンソン・キャニオンで撮影された映画やテレビシリーズをまとめたウェブサイトもあるほどです。

▶『金星人地球を征服』予告

▶バットケイヴ

『ロボット・モンスター』を忘れがたい映画にしているもう1つの理由は若きエルマー・バーンスタインの音楽で、彼は『ロボット・モンスター』の2年後には『黄金の腕』（1955年）、3年後には『十戒』（1956年）、7年後には『荒野の七人』（1960年）を手がけて、押しも押されぬ映画音楽の第一人者として知られるようになりました……などと改めて言うまでもないですよね。のちの巨匠が若き日に『ロボット・モンスター』の音楽を担当していたという事実には、なんだかほっこりとした気持ちにさせられます。

『金星人地球を征服』予告

バットケイヴ

溢れるモンド映画感とギクシャク恐竜

恐竜伝説ベイビー

1985年／米／監督：ビル・L・ノートン／出演：ウィリアム・カット、ショーン・ヤング、パトリック・マクグーハンほか

恐竜が出てくる映画にはさまざまなバリエーションがありますが、それを分類する方法もさまざまです。ストップモーションや着ぐるみ、CGI、あるいは本物のトカゲを使う方法など、特撮の手法で分類するのは1つの手です。ただ、多くの恐竜映画はいろんな特撮手法をミックスして使っているので、必ずしもこのやり方で分類することが有効であるとは限りません。

大昔に絶滅してしまった恐竜をどのようにして物語に組み込むのか、そのやり方で区別する方法もあります。まず思いつくのは恐竜が生息していた時代をそのまま描く方法で、『リトルフットの大冒険～謎の恐竜大陸～』（1988年）や『ダイナソー』（2000年）、それに『ファンタジア』（1940年）の「春の祭典」のパートなどがそれに当たります。今挙げた作品には当然のことながら人間は登場しません。といって人間を登場させる方法がないわけではありません。タイムマシンなどを使って恐竜時代に人間を送り込んでしまえばいいのです。『サウンド・オブ・サンダー』（2005年）が代表格ですが、『マイ・サイエンス・プロジェクト』（1985年）、『ガバリン2／タイムトラぶラー』（1987年）などにも同じアイディアを使った場面があります。

考古学を無視して、恐竜と石器時代人類が共生していた架空の時代を舞台にする方法もあります。ラクエル・ウェルチの毛皮ビキニ姿がアイコニックな『恐竜100万年』（1966年）や、ヴィクトリア・ヴェトリの毛皮ビキニ姿がやはりアイコニックな『恐竜時代』（1970年）なんかはそういう映画です。『恐竜時代』の原題は「恐竜が地上に君臨していた時代 WHEN DINOSAURS RULED THE EARTH」というのですが、『ジュラシック・パーク』1作目（1993年）のラスト、勝利の雄叫びをあげるティラノサウルスの上にひらひらと落ちてきた化石展の横断幕にしっかり「WHEN DINOSAURS RULED THE EARTH」とあったのには驚きました。まるでウインクするかのように往年の恐竜映画にオマージュを捧げていたからです（なお『恐竜時代』の原案を手がけたのはSF作家のJ・G・バラードでした）。

『ジュラシック・パーク』の大ヒットによって「恐竜を現代に蘇らせる」というやり方も脚光を浴びることになりました。「B級映画の帝王」ロジャー・コーマンは『ジュラシック・パーク』の製作開始のニュースを受けて、以前から映画化権を保持していた『恐竜カルノザウルス』（1993年）の製作に踏み切りました。この映画で恐竜が現代に復活した経緯は『ジュラシック・パーク』とはちょっと違って非常にユニークなんですが、何らかの方法で「恐竜が現代に蘇る」というところは共通しています。『恐竜カルノザウルス』は『ジュラシック・パーク』の7分の1くらいの予算で作られた映画ですが、機械仕掛けで動く実物大の恐竜が作られました。作ったのは本書でもご紹介している『セラー・デュエラー』（P・26）のジョン・カール・ブークラーです。

現代を舞台に恐竜映画を作る方法は他にもあります。前人未到の秘境に恐竜が今も生きていたことにすればいいのです。『ロスト・ワールド』（1925年）や『キング・コング』（1933年）、『恐竜グワンジ』（1969年）、着ぐるみの恐竜が大活躍することで（一部には）有名な『Unknown Island』（1948年）などはそういうジャンルに属する作品で、今回ご紹介する『恐竜伝説ベイビー』もある意味、同ジャンルだと言えると思います――「ネス湖のネッシー」も「ロスト・ワールドもの」として見ることが可能だ、くらいの感じではありますが。

▶『恐竜伝説ベイビー』予告編

『恐竜伝説ベイビー』の主人公は、アフリカ奥地で発掘作業の手伝いをしている博士研究員のスーザン（ショーン・ヤング）です。あるとき、ジャングル奥地の部族が原因不明の食中毒で苦しんでいるというニュースを聞きつけた彼女は調査に向かいます。というのも、その部族が食べた「謎の動物の骨」というのが、自分が掘り当てた恐竜の骨にそっくりだったからです。

スーザンはキヴィアット先生（パトリック・マクグーハン）という教授のもとで助手を務めているんですが、このキヴィアット博士がとんでもない曲者だということは映画の冒頭ですぐに明かされてしまいます。オープニングはアフリカの都会で開催されているお祭りのパレードなんですが、その喧騒の中、キヴィアット博士が誰かをブッ殺して、恐竜の写真を奪うさまが描かれるからです。映画が始まった途端にキヴィアット博士が人殺しのサイコパスだということが分かってしまうのは、あまりよろしくありま

『恐竜伝説ベイビー』
予告編

せん。本作でキヴィアット博士は何かにつけ主人公スーザンの行く手を阻むのですが、スーザンにとって彼は恩師でもあり上司でもあるため、彼女はなかなか博士の邪悪な正体に気づくことができません（多少はいぶかしんでいるんですが、本当に正体を知るのはかなり後半になってからです）。しかし観客は映画が始まってすぐにキヴィアット博士の本性を目にしているため、なかなかそこに気づくことのできないスーザンがバカに見えてしまうという副作用が生じてしまうのです。

映画や物語において二面性のある登場人物の正体をどこで明かすか、というのはなかなか難しい問題ですが、タイミングを見誤るとこのようなことになりがちです。なおダース・ベイダーのように登場した瞬間「あっ、こいつが恐ろしく悪い奴で、最大の敵役なんだな」と分かっても大丈夫なケースもありますが、ダース・ベイダーは1作目の時点ではキャラクターに二面性がないので、最初に悪役だとはっきり示しても問題が生じないのは言うまでもありません。

『スター・ウォーズ』よりダース・ベイダー初登場

『恐竜伝説ベイビー』のオープニングは、００７映画などでよく見る「パレードやお祭りの最中に殺人発生」というパターンですが、高揚感とスリルが混じり合ったこういう場面がぼくは大好きです。ミュージカル映画によくある「果てしなくきらびやかでゴージャスな場面にもかかわらず、それがすべて虚飾に過ぎないことがひしひしと伝わってくる」感じに似た感覚をもたらすからかもしれません。無心に踊り浮かれている人々と殺人との対比が鮮やかであればあるほど、その感覚は増幅されます。

話があっちこっちに行ってしまいますが、ぼくは映画にパレード、あるいはマーチングバンドの行進なんかが出てくるとそれだけで感動してしまうところもあります。それもやっぱり、うたかたの景気の良さというか、軽快で楽しい感じと、そこに漂う一抹の寂寞感のようなものの対比がグッと来るんだと思います。マーチングバンドは必ずしもパレードでなくても構いません（『ロー

『スター・ウォーズ』より
ダース・ベイダー
初登場

リング・サンダー』〈1977年〉のオープニングなど）。映画の名パレード場面といえば、『アニマル・ハウス』（1978年）のクライマックスも忘れがたいものでした。それに『イージー・ライダー』（1969年）……『イージー・ライダー』は他にマルディ・グラの場面もあるのですから「パレード映画」として至高の一品だといえます。

▶『007／死ぬのは奴らだ』お葬式

▶『007／ムーンレイカー』サンバ・カーニバルの場面

▶『007／スペクター』メキシコの死者の日のパレード場面

▶『ローリング・サンダー』オープニング

『007／死ぬのは奴らだ』お葬式

『007/ムーンレイカー』サンバ・カーニバルの場面

『007／スペクター』メキシコの死者の日のパレード場面

▶『アニマル・ハウス』パレード場面（最高）

▶『イージー・ライダー』パレード場面

▶『イージー・ライダー』マルディ・グラの場面

『恐竜伝説ベイビー』オープニングのアフリカン・カーニバルの場面は、そういったわけでなかなか素敵なシーンです。部族によっては乳房もあらわな女性が踊るさまも映るあたり、いわゆる「モンド映画」の嚆矢《こうし》『世界残酷物語』（１９６２年）のような雰囲気もあります。と書いていて気づきましたが、『世界残酷物語』は１９６２年の見世物趣味が炸裂した「モンド映画」だから仕方ないとして、『恐竜伝説ベイビー』は１９８５年のディズニー映画でレイティングはＰＧなんです。どういうことかと思ってレイティングの考査表を見てみると、「いくつかの場面において〈自然〉な〈部族ヌード〉あり。乳房や尻も見える」と書いて

『ローリング・サンダー』
オープニング

『アニマル・ハウス』
パレード場面

『イージー・ライダー』
パレード場面

ありました。〈自然〉な〈部族ヌード〉というのは今の感覚だとおおいに引っかかります。言い換えれば「未開の部族の裸はレイティングを引き上げる要素としてカウントしない」ということで、ダブルスタンダードもいいところです。日本のテレビ番組などでは今なおこういうことがあったりしますが、文明人や白人のヌードはダメで未開の部族のそれはＯＫというのは欺瞞でしかないし差別的です。いっそ何人だろうがヌードは常にオーケーにした方がすっきりするのではないかと思います。現在は裸の出てくる文脈がセクシャルかそうでないか、という基準でレイティングが決められることもあるようですが、その基準も微妙といえば微妙です。こういう「公序良俗（イヤな言葉です）」にまつわる判断は常にグレーゾーンなので、ＯＫとダメの基準を目に見える形で設けること自体、そもそも無理があると言っていいでしょう。

『イージー・ライダー』
マルディ・グラの場面

『恐竜伝説ベイビー』いろんな場面詰め合わせ

（ところどころ別の映画が交ざっていて腹立たしいし、音楽も後付けですが、『恐竜出説ベイビー』のモンド場面が結構たくさん入っています）

さて、スーザンが食中毒を起こした部族のところに行ってみると、酋長が伏せってウンウン苦しんでいました。「いったいあなたたちは何を食べたの？　キリン？　サイ？」と、ワシントン条約が聞いたら気絶するような質問を投げかけると、酋長が地面に指でブロントサウルスの絵を描いて「モケーレ・ムベンベ、モケーレ・ムベンベ……」とつぶやきました。

「モケーレ・ムベンベ」はＵＭＡ（未確認生物）好きの人にはおなじみの名前です。アフリカ中央部に生息するという怪物で、目撃談などから四足歩行する恐竜の生き残りではないかという説もあります。１９８０年と81年、シカゴ大学の生物学者ロイ・Ｐ・マッカル博士という人が「モケーレ・ムベンベ」を調査にコ

『恐竜伝説ベイビー』
いろんな場面詰め合わせ

ンゴに赴きました。マッカル博士はそれ以前にネス湖のネッシーの調査もしたことがある人物ですが、『恐竜伝説ベイビー』のキヴィアット博士のモデルだと言われています。マッカル博士の「モケーレ・ムベンベ」調査紀行の記録は『幻の恐竜を見た』という題名で日本でも出版されています（二見書房／サラ・ブックス・新書）。ただ英語の原著が刊行されたのは1987年ですから、映画の内容が彼の調査旅行を踏まえたものというわけではなさそうです――マッカル博士は恐竜と実際に遭遇したわけではなかったので、ある意味当たり前とも言えますが（映画には当然のことながら、恐竜がどどーんと登場します）。

おっと、書き忘れていましたが、主人公スーザンにはジャーナリストの夫がいるんですが、その役を演じていたのはテレビシリーズ『アメリカン・ヒーロー』（1981年～83年）でおなじみウィリアム・カットです。ウィリアム・カットの出演作というと『キャリー』（1976年）や『ビッグ・ウェンズデー』（1978年）などを思い浮かべる人も多いと思います。主演を務めた舞台のミュージカル『ピピン』テレビ放映版（1981年）も当時NHKで放映されたのを観た記憶があります。70年代後半から80年代初頭にかけて、ウィリアム・カットは確かに一世を風靡したスターでした。しかし『恐竜伝説ベイビー』のウィリアム・カットは、主人公スーザンの旦那、という以上にこれといって存在意義のない役どころです。しかし、どうしたわけか本作は主人公カップル（ショーン・ヤングとウィリアム・カップル）がセックスをする場面が多い映画で、そのあたりもややヘンテコなバランスの作品だと思います。

▶『アメリカン・ヒーロー』予告編

　酋長の話でムケーレ・モベンベ＝ブロントサウルスが実在することを確信したスーザンは、さらなる奥地へと分け入ります。すると突然、原住民のとんでもない部族に取り囲まれてしまいました。さっきの酋長の部族より、さらに原始的な奴らのようです。こういうときは文明の利器をプレゼントするに限る！　とばかりにスーザンが夫のデジタル腕時計をプレゼントすると今度の部族の酋長も破顔一笑、一行を村へと迎え入れ、さっそく歓迎の祭が始まりました。

　それで思い出しましたが、以前ローマ郊外にあるピゴリーニ先史民族史博物館を訪ねたときに、アフリカの原住民が作った金属製の腕時計を見たことがあります。説明文はイタリア語だったの

『アメリカン・ヒーロー』予告編

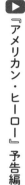

で正確な由来は分かりませんが、古びた安物のプラスチックの腕時計と並べて、それをほぼ完璧に再現した金属製の動かぬ「腕時計」が展示してありました。おそらくカーゴ・カルト的な意味合いで、酋長あるいは部族にプレゼントされたプラスチックの時計を再現したものなのでしょう。その精緻極まる出来栄えに感嘆すると同時に、未知の文明の産物に触れたときの原住民の人たちの驚きや感動を想像して鳥肌が立つ思いでした。ピゴリーニ先史民族史博物館は、もともとムッソリーニがローマ万国博覧会（第二次大戦により開催されずに終わりました）のためにつくり上げた、ファシスト建築の立ち並ぶＥＵＲ（エウル）という人工都市にあります。ＥＵＲの目玉は「四角いコロッセオ」と呼ばれる巨大な建物で、『ボッカチオ'70』（１９６２年）や『地球最後の男』（１９６４年）、『暗殺の森』（１９７０年）といった映画でその姿を見たことのある人も多いかと思います。ヘンテコで面白い『ハドソン・ホーク』（１９９１年）で、悪役メイフラワー夫妻が住んでいたのも「四角いコロッセオ」でした。

あっちこっちに話が飛んでしまってすみません。ドンドコいう音楽に合わせて村人が歓迎のダンスを披露する中、「飲め！」「吸え」と、酋長がスーザンに奇怪なドロドロした液体やら、いかがわしいパイプを勧めてきます。ぼくは一生に一度でいいから、こういう部族の村に招き入れてもらって、酋長から「飲め！」「吸え」と怪しげな液体やパイプを勧めてもらいたいと思っているのですが、もはや未開の部族が文明化されてほとんど姿を消してしまった上に、本当に未開で文明と接触のない部族との接触はたいてい禁じられているので（風邪などの免疫がなくて、文明人と接触することによって絶滅してしまう危険があるからです）、そんな夢がかなう可能性は限りなく低そうです。

『食人族』（1980年）のモンロー博士ばりの歓待を受けてニコニコしていたスーザンですが、ふと気づくと村人たちの姿が消えていて、おまけに視界がぐるぐるしてきて、あたかも『アルタード・ステーツ／未知への挑戦』（1980年）のトリップ場面のようなことになってしまいました。さっきの液体かパイプに幻覚作用のある物質が含まれていたのでしょう。

▶『食人族』予告編

▶『アルタード・ステーツ／未知への挑戦』のトリップ場面

『食人族』予告編

『アルタード・ステーツ／未知への挑戦』のトリップ場面

部族のカーニバルに村のお祭りと、こうやって書いていると『恐竜伝説ベイビー』前半の見せ場がことごとくモンド映画的であることに気づかされます。実際にアフリカで一大ロケを敢行したこともあり、そのモンド感は鮮烈で強い印象を残します。この映画がきわめてヘンテコに感じられるのは、前半のモンド感と後半の『E.T.』的な赤ちゃん恐竜との心温まる交流との落差が激しいからでもあります。リアルでモンド的なアフリカの印象と、ハリボテ恐竜のハートフル物語がうまく接合していないので、見終わったときに「一体、どういう映画だったんだ……」と不思議な気持ちになってしまうのです。いろんな要素が入っているものの、それぞれがうまく噛み合っていないとき、往々にしてヘンテコな映画が生まれてしまうということは確実にあります。

話が脇道にそれてばかりで長くなってしまったので、ちょっと駆け足でまとめます。謎の液体かパイプでトリップしたあと、スーザン夫妻はわりと簡単にブロントサウルスを発見することになります。それも1頭ではなく3頭、つがいのカップルと赤ちゃんで構成されたブロントサウルスの一家をです。

▶ ショーン・ヤングとウィリアム・カットが恐竜をアッサリ発見

▶ 赤ちゃんブロントサウルス詰め合わせ
（これまた勝手な音楽つけられていますが、これはわりといいかも、というのも、ここで使われている音楽『I'm The Baby, Gotta Love Me』は『恐竜家族』のベイビー・シンクレアの歌だからです）

▶ ベイビー・シンクレアの『Gotta Love Me』ミュージック・ビデオ（歌は1：11から）

▶ 『恐竜伝説ベイビー』いろいろ詰め合わせ

ムケーレ・モベンベは実在したんだ！　と喜んだのもつかの間、スーザン夫妻が赤ちゃんブロントサウルスと遊んでいる間に悪のキヴィアット博士が革命政府軍を率いてやってきて、お父さ

『Gotta Love Me』ミュージック・ビデオ

赤ちゃんブロント サウルス詰め合わせ

恐竜を アッサリ発見

んサウルスを射殺、お母さんサウルスを麻酔銃で眠らせてさらっていってしまったではありませんか。

▶お父さんサウルスの最期

（後半、ビデオ投稿者が勝手にスト2のガイルのテーマをかぶせているのでうざいですが、映像は楽しめます）

これは大変、というので、スーザンたちは赤ちゃんサウルスの世話をしつつ、悪の軍勢からお母さんサウルスを奪還すべく行動に出ます。具体的にはジャングルの中で右往左往したり、途中で敵に捕まってしまったり、と思ったら幻覚剤の方の部族が救出しにやってきてくれたりして（大勢殺されてしまいます）、なんだかんだで最終的にはお母さんサウルスの救出に成功します。自由になったお母さんサウルスはどすどすと近隣の村を破壊して（何しろ夫を殺されているのでカンカンなのです）、ついでにキヴィアット博士をぱくりと食い殺してしまいます。ラストは赤ちゃん

『恐竜伝説ベイビー』
いろいろ詰め合わせ

お父さんサウルス
の最期

サウルスがお母さんと一緒にアフリカ奥地の川をしずしずと霧の彼方へと去っていくのでした。めでたしめでたし。

この映画、ぼくは公開当時に観ていません（あとでVHSで観ました）。たしかこれはスプラッシュ公開で、何か別の作品と抱き合わせで地方公開されたんじゃなかったかな……と思って今調べたら、なんと『オズの魔法使』（1939年）の続編、『オズ』（1985年／『Return to OZ』）と併映だったことが分かりました。それはちょっと気の毒なような気もします。というのも『オズ』は世界観も美術も特撮も素晴らしい作品で、こう言ってはなんですが『恐竜伝説ベイビー』とは予算も出来もケタ違いだからです……と思ってさらに調べたら、なんと当時の興行成績は『恐竜伝説ベイビー』の方がずっと上でした！　確かに『オズ』は愉快で楽しい『オズの魔法使』を期待して観にきたファミリー層を恐怖のどん底に叩き込むような作品ではあるので、それより安心して楽しめる『恐竜伝説ベイビー』の方がセールス的には強かったのかなあ（『恐竜伝説ベイビー』も人がいっぱい死ぬ映画ですが）。何か釈然としないものが残りますが、それこそ『E.T.』的なほんわかクリーチャーとしての赤ちゃんブロントサ

ウルス、さらにお父さんお母さんサウルスによる怪獣映画感など手堅い要素が満載で、かつ『アメリカン・ヒーロー』で絶大な人気と知名度を誇るウィリアム・カット、「分かってますよ」と言わんばかりのパトリック・マクグーハン、また『ブレードランナー』（1982年）と『デューン／砂の惑星』（1984年）で脚光を浴びていたショーン・ヤング、脇役にも才人ジュリアン・フェロウズ（今は『ダウントン・アビー』の脚本・製作者として有名です）を配した『恐竜伝説ベイビー』が、ある意味万全の態勢で臨んだ「売れる映画」だったことは確かです。誤算は赤ちゃんブロントサウルスがギクシャクしていて全然生きているように見えないというところくらいなものですが（そこがダメというのはかなりダメな気もしますが）、映画を観ているうちに、だんだんそこも気にならなくなってきて……いや、それはさすがに言いすぎか、気にはなるけれど、まあいいか！　動いてるし！　と、そのくらい鷹揚な気持ちになったことは事実です。この作品、日本ではＶＨＳが出たきりで、ＤＶＤもブルーレイも発売されていませんが、せっかく洋盤のブルーレイが出たことだし、どこか勇気のある会社が発売してくれることを期待したいです。って、ディズニー傘下のタッチストーン映画なのでディズニーが出してくれないと無理かもしれませんが。

アンダー・ザ・シルバーレイク

「世界を理解したい」という欲望

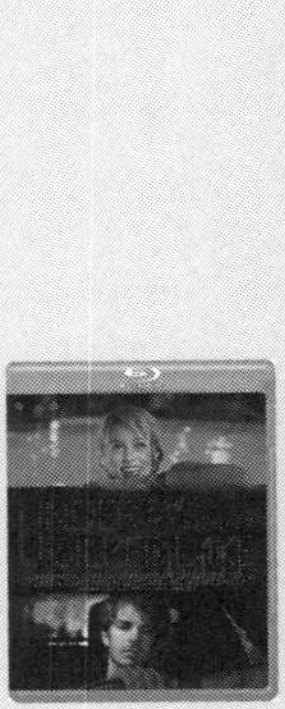

2018年／米／監督：デヴィッド・ロバート・ミッチェル／出演：アンドリュー・ガーフィールド、ライリー・キーオ、トファー・グレイスほか

『アンダー・ザ・シルバーレイク』は、ハリウッドを舞台にした、ヘンテコリンで奇妙なノワール映画です。主演はアンドリュー・ガーフィールド。

ロサンゼルス*1ハリウッド、という街の特殊性と『アンダー・ザ・シルバーレイク』は強く結びついています。もともと本作は「ハリウッド・ヒルズに立ち並ぶ豪邸では、本当のところ何が起こっているんだろう？」と監督がふと思ったことから脚本づくりがスタートしました。

ハリウッド・ヒルズは、劇中にも登場するグリフィス天文台のあるグリフィス・パークに隣接する高級住宅街で、サイレント映画の時代から現代に至るまで、錚々《そうそう》たるスターたちが住む豪邸が立ち並んでいることで知られています。

※注：やはりセレブリティの邸宅が並ぶビバリーヒルズはハリウッド・ヒルズよりもっと西、同じく超高級住宅街のベルエアはそこからさらに西の地区になります。この3つの、山の上の地区をまたぐ、うねうねと曲がりくねった道がマルホランド・ドライブです。

『アンダー・ザ・シルバーレイク』予告編

世界中どこでもそうですが、標高が高くて眺めのいい場所は基本的に金持ちが独占しています。ハリウッドも同様で、見晴らしのいい崖の上には目もくらむような豪邸が立ち並び、そこに住むセレブたちは家の裏庭（玄関は道路に面しているので、裏庭側がちょうど崖っぷちになります）にプールやジャグジーを設けて、そこから下界を見下ろしてパーティを楽しんでいます。そういう地区の多くはゲーテッド・コミュニティになっており、観光バス

『アンダー・ザ・シルバーレイク』予告編

などは別として、一般の人が立ち入ることはなかなかできません。「スター」という神々が暮らすオリュンポス山だと言ってもいいでしょう。

主人公サム（アンドリュー・ガーフィールド）は、貯水池（シルバーレイク）のあるシルバーレイク地区に住んでいますが、ここは1970年代にはサンフランシスコのSOMA地区と並ぶ、レザー・ゲイ（SM好きのゲイ）のメッカでした。だからこの地区では今でもLGBTQの活動が盛んなんだそうです。シルバーレイク地区は1950年に「マータチャイン・ソサエティ」という、アメリカでも最初期のゲイ（LGBT）の権利のための組織が生まれた場所で、それを主導したのはハリー・ヘイというゲイ活動家でした。ハリー・ヘイは「近代ゲイ運動の父」と呼ばれています。

シルバーレイク地区のゲイ・シーンの興隆は話が長くなるので割愛しますが（シルバーレイクには多くのゲイが集ってくるようになったのですが、一方でストレートの住民との軋轢も激化、殺人事件も繰り返されました）、その後80年代から90年代にかけてゲイ・シーンが徐々に廃れてゲイ向けのバーやレストランが次々と閉店、代わりにインディー・ミュージック好きのヒップな若者たちが移り住むようになってきました。家賃が安かったからです。

しかし、2000年代に入るとさらに様子が変わってきます。ロサンゼルスやサンフランシスコ、ニューヨーク、ロンドンなど、世界中のあらゆる都市で起きていることですが、地の利が比較的良くて中心部に近いシルバーレイクのような場所が「穴場」として人気を博すようになり、オシャレなチェーン店などがこぞって進出、昔ながらの、ある意味いかがわしい、ヘンテコなお店が姿を消して、どんどん殺菌消毒されていきました。

『アンダー・ザ・シルバーレイク』は、まだヘンテコさや奇怪さが残っていた時代のハリウッドという場所へのラブレターのような作品だと言うことができます。主人公サムには親友と呼べる友人はいませんが、たまに会って話をする友人たちはみな変人です。サム自身もたいがい変人の部類だと言っていいでしょう。そういうヘンテコな人たちや、何をしているのか分からないような人たちは、家賃の高騰でどんどんサンフランシスコやロサンゼルスの中心地に住めなくなり、代わりにIT企業に勤める若い金持ちが次々と流入してきたことで、街の雰囲気は大きく変わっていきました。

『アンダー・ザ・シルバーレイク』はノワール的な一種のミステリーですが、そのミステリーは陰謀論的でヘンテコなものです。主人公サムは、同じアパートに住む若い女性サラ（ライリー・キーオ）とひょんなことから仲良くなり、じゃあ明日も会おうね、と言ったら次の日にサラが姿を消してしまいます。彼女の部屋もからっぽになっていて、壁には謎めいたマークが残されていました。サムが彼女の部屋に忍び込んで、何か手がかりがないかと探していると、そこに別の女がやってきて、サラの忘れ物を全部持っていってしまいます。おかしいと思ったサムは彼女を追いますが、そこからどんどん悪夢的なハリウッドの迷宮にさまよい込んでいくことになります。

『アンダー・ザ・シルバーレイク』のミステリーがヘンテコで陰謀論的なのは、サム自身がもともと陰謀論的でヘンテコな若者だからです。彼はテレビでやっている「ホイール・オブ・フォーチュン」という長寿クイズ番組の司会者、ヴァナ・ホワイトの視線が「何らかの暗号的なメッセージを送っている」と思い込み、彼女の目の動きを何カ月にも渡って表に書き出して分析しようとしています。

友だちのコミック・ファンの男は（役名も単に「コミック・ファン」）さらに陰謀論的な人物で、コミックやシリアル食品のおまけ、広告などには「分かる」人に向けた、一見そうとは気づかないメッセージが秘められていると主張します。ここにはウィルソン・ブライアン・キイという人が「広告に秘められたサブリミナル・メッセージ」について書いた『メディア・セックス』の影響が顕著です。「サブリミナル・メッセージ」についてのキイの見解は、陰謀論というよりはパラノイアに近いものがあり、すべてを鵜呑みにするわけには到底いかないのですが（現在ではサブリミナル広告の効果も非常に疑問視されています）、ここで重要なのは、それがたとえ奇妙でパラノイアックなものであれ、その根底にあるのが「世界を理解したい」という欲望だということです。

もちろん、陰謀論やパラノイアで世界を理解されては困ります。陰謀論やパラノイアで世界を理解しようと試みることは、物事を単純化しつつも「普通の人には見えない」原理に基づいて説明しようとすることです。しかし世界というのは実際にはおそろしく複雑で、そういうシンプルな原理では説明することはおろか、正確に把握することも不可能です。これを「正確に把握するための道筋を陰謀論が阻害してしまう」と言い換えることもできるでしょう。とはいえ複雑なものを複雑なまま受け止めるというのは非常に難しいことです。あまりの複雑さを前にすると、人はただただ圧倒されてしまいます。加えて世の中には不条理があまりにも多いので、それをそのまま受け止めるのもとても難しい。

難しくて複雑な過程をすっ飛ばして、よりシンプルにより「納得のいく形で」世界を把握したいという誘惑はそこら中に転がっています。陰謀論者や修正主義者、オカルトの人はその誘惑にコロリといってしまう。だから、こう言うことにしましょう。「世界を把握したい、理解したい、できればシンプルに、納得のいく形で」という、その願望自体は理解できるものであると。とはいえ、だからといって陰謀論にはまってはいけないのは言うまでもありません。

一方、映画によらずフィクションは架空の世界を構築できるため、フィクション内の「閉じた世界」においては、陰謀論的でパラノイアックな考えを成り立たせることができます。『アンダー・ザ・シルバーレイク』はまさにそこを突いた映画です。主人公サムはなんとかして謎のメッセージを解読し、陰謀の中心部へとたどり着こうとしてもがきます。その途中に立ち現れてくるのが都市伝説と、ハリウッドの神々の伝説と、ポップ・カルチャーの背景に秘められた「真の意味」です。

ここに、『アンダー・ザ・シルバーレイク』の舞台がハリウッドでなくてはならなかった理由があります。ハリウッドで成功するということはオリュンポス山の神々の一員に加わるということです。神々がハリウッド・ヒルズの豪邸で何を企んでいるのか我々には知る由もありませんが、そういう神々の意向で神話（映画やポップ・カルチャー）が形作られているとしたら、その神話には神々が残した手がかりが残っているはずです。現代の神々はポップ・カルチャーという神話を司る者に違いないからです。

『アンダー・ザ・シルバーレイク』には多くの映画やポップ・カルチャーの引用がちりばめてあります。当然、そうした引用や言及は作品自体の内容と関係しているわけですが、といって、それが何の引用であるとか、どういう冗談だとかを理解することで『アンダー・ザ・シルバーレイク』の本質に迫ることができるかといえば、それは難しいのではないかと思います（※注）。それよりも、神話と現実が同居し、夢と現実の境界線がはっきりしないハリウッドという街そのものの――その印象自体も神話だと言えるわけですが――ヘンテコさ、そこに暮らす人たちの一種「地に足がついていないような」感覚、それこそが本作の最大の魅力ではないかと思います。

※注：本当のところを言えば、『アンダー・ザ・シルバーレイク』に登場するあれやこれやについて細かく見ていく作業は楽しいだろうな、とぼくも思います。また本作はそういう風に見られることも織り込み済みで作ってある映画なので、「ああ、あれがこれなのか！」と腑に落ちる部分も多々あるはずです、というか実際にある。しかし、それと映画自体がもたらす快楽は分けて考えるべきだし、ディティールに耽溺することの危うさを描いた作品のディティールに耽溺するのは何か転倒しているような気もするので、このような物言いをしています。なお言うまでもありませんが、ぼくはオマージュや引用が悪いと言っているわけでも、それを理解したり説明したりすることが無駄だと言っているわけでもありません。そういう部分をつぶさに見ていくことで理解が深まることは当然あるわけですが、たとえば「『スター・ウォーズ』の攻撃シーンが『暁の出撃』（１９５５年）から多大な影響を受けている」のが分かることの面白さと、『スター・ウォーズ』の攻撃シーンが楽しめるかどうかは別の話だということです。別に『暁の出撃』を観ていなくてもデス・スター攻撃場面は楽しめると思うし、その魅力について語ることもできるはずだとぼくは思います。といって、これも「どちらか一方の紹介の仕方しかダメ」ということでは全然なくて、最終的には紹介や評論を通じて「何を伝えたいか」という点に収束していくのではないかと思いますが、トリビアルな楽しみ「も」沢山詰まった『アンダー・ザ・シルバーレイク』の場合、そこに終始し

てしまうと「それで一体、何が面白い映画なのか」ということについて伝えるのが難しくなってしまうのではないかと思ったわけです。

デヴィッド・ロバート・ミッチェル監督の前作『イット・フォローズ』に引き続き本作で音楽を担当したのはディザスター・ピース（リッチ・ヴリーランド）ですが、今回はバーナード・ハーマンを意識した、大げさでロマンチックで「ハリウッド調」の音楽で観る者の心を奪います。ここまで説明してきたように『アンダー・ザ・シルバーレイク』はハリウッドについての大げさでロマンチックでパラノイアックな作品であり、そういう映画にはそんな音楽がまさにぴったりです。

▶『イット・フォローズ』予告編

▶『イット・フォローズ』のテーマ

『イット・フォローズ』予告編

『イット・フォローズ』のテーマ

▶『アンダー・ザ・シルバーレイク』サントラより
「A Junction」

余談になりますが劇中に登場する「ハリウッド・フォーエバー墓地」には、ぼくが敬愛してやまない、アメリカ初の「ホラー・ホスト」ヴァンパイラのお墓もあります。スターや名監督が多く眠る「ハリウッド・フォーエバー」では、本作でも描かれたように映画の屋外上映会が催されることもしばしばです。ジョー・ダンテ監督の『ゾンビ・ガール』（２０１４年）にも、デートでハリウッド・フォーエバー墓地で開催される『ナイト・オブ・ザ・リビングデッド』（１９６８年）の上映会に出かける場面がありました。

▶「ハリウッド・フォーエバー墓地」内のヴァンパイラのお墓と記念写真（写真では微笑んでるように見えますが、本当はちょっと泣いてました）

『アンダー・ザ・シルバーレイク』サントラより「A Junction」

ヴァンパイラのお墓と記念写真

▶『ゾンビ・ガール』予告編

ハリウッド・フォーエバーにはメイソニック・ロッジ（フリーメイソンのロッジのこと。かつて実際にそうだったため名前が残っています）の建物があり（霊廟のような建物です）、そこでは映画と同様、毎週のようにライブやイベントが開催されています。墓場でライブやホラー映画の上映が楽しめるのも面白いですが、陰謀論的な映画に登場するライブシーンの舞台が、もともとはフリーメイソンの建物だったというのも気が利いています。なお映画ではメイソニック・ロッジの地下にさらにバーがある設定になっていましたが、あれはセットでしょう。いずれまたロサンゼルスを訪れる機会があったら、次回はメイソニック・ロッジで行われているライブに足を運んでみるのも一興かなと思います。

『ゾンビ・ガール』
予告編

コンピュータのオーガズム

デモン・シード

１９７７年／米／監督：ドナルド・キャメル／主演：ジュリー・クリスティほか

ホラー作家ディーン・Ｒ・クーンツの原作を映画化した『デモン・シード』は、ひと言で言ってしまえば「超高性能のコンピュータが悪さをする」という映画です。映画の世界では伝統的に超高性能のコンピュータは何かと悪さをすることになっていて、『２００１年宇宙の旅』（１９６８年）のＨＡＬ９０００を筆頭に、『地球爆破作戦』（１９７０年）のコロッサス、『アルファヴィル』（１９６５年）のアルファ60、『ウエストワールド』（１９７３年）のデロス・コントロール、『２３００年未来への旅』（１９７６年）のメイン・コンピュータ、『トロン』（１９８２年）のＭＣＰなど、さまざまな超高性能コンピュータがいろんなやり方で悪さを働いてきました（HAL9000は悪さをしたかったわけではないと思いますが、結果的に人を殺しています）。ほかにも『ターミネーター』（1984年）シリーズのスカイネット、『マトリックス』（1999年）シリーズの「マトリックス」、『WALL-E』（2008年）のオート、『エイリアン』（1979年）のマザーなど、いくらでも例を挙げることができるのは、先進的なテクノロジーに対して人が常に警戒心を抱くことと無関係ではあり得ません。携帯電話や電子メールなど、新しいテクノロジーはホラー映画に真っ先に取り込まれるのが常ですが、超高性能コンピュータは単に先進的なだけでなく「人間の能力をはるかに凌駕する」という点がさらなる恐怖の対象となるのです。

『デモン・シード』はまた、「ヒロインが得体の知れないものを妊娠してしまう」ホラー映画でもあります。「超高性能のコンピュータが悪さをする」映画と同様、「得体の知れないものを妊娠してしまう」映画、というのも数えきれないほどあって、『ローズマリーの赤ちゃん』（1968年）に始まり『マニトウ』（1978年）、『モンスター・パニック』（1980年）、『悪魔の受胎』（1985年）、『ザ・フライ』（1986年）、『スピーシーズ2』（1998年）、『ロード・オブ・セイラム』（2012年）などなど、こちらも数え上げればきりがないほどです。『エイリアン』シリーズもこのジャンルに含めることができるでしょう。

加えて『デモン・シード』には「トリップ映像映画」という側面もあるのですが、よその映画の題名を羅列してばかりでは申し訳ないので、これについては割愛します。いつか機会があったら「トリップ映像映画」の歴史と意義についてまとまった文章を書いてみたいという夢は持っていますが……。

『デモン・シード』のあらすじはシンプルです。「プロテウス4号」と名づけられた、世界初の生体コンピュータ（メインの回路が機械ではなく、核酸を合成して造られている）が満を持して稼働。プロテウスはおそるべきスピードで知識を吸収し、ほどなく自我を持つようになります。やがてプロテウスは「箱の中に精神だけ閉じ込められているのはイヤだなあ。それに人間というのは、どいつもこいつも本当にバカだなあ」と、至極まっとうな考えを持つに至り、自分を開発してくれた博士の奥さんにちょっかいを出して「人間とコンピュータのハイブリッド」の子供を産ませようとするのでした。

ところで、なぜプロテウスが奥さんにいたずらできるかというと、それは博士の自宅が完全にオートメーション化されたコンピュータ制御の未来ハウスだからです。博士はプロテウスの成長に夢中になるあまり、奥さんを置いて家を出ていってしまったのですが、その際、いわゆる「端末」を1台家に残してきたのが失敗でした。「端末」と書くと今では携帯電話のことだと勘違いされてしまいますが、そうではなく、かつては「パーソナルな」コンピュータ、というものが想定されていなかったので、個人個人が使う「端末」があって、それが回線を通じて1台の巨大コンピュータに繋がっている、という未来像が一般的でした。

不用心なことに、博士の自宅には自走式のロボット・アームが設置されており、さらにロボット・アームを使って金属加工のできる工房なども完備していました。プロテウスは回線を通じてやすやすと家全体を乗っ取り、かつ奥さんにちょっかいを出すのに必要なメカなどを自作することが可能だったのです。

もちろん、奥さんも黙ってプロテウスの好きにさせていたわけではありません。しかし、脱出を試みてもドアを勝手にロックされてしまうし、プロテウスとの対話を拒否してふてくされていたら部屋の温度をどんどん上げられてしまったりと、未来ハウスを自在に操るコンピュータの前に手も足も出ません。さらに様子を見にきた夫の同僚がぶち殺されるに至って、「まあ、話だけなら……」とプロテウスの「子孫残したい計画」に耳を傾けざるを得なくなります（だから、本作を「コンピュータが女の人をレイプして子供を産ませる映画」というのはやや語弊があって、プロテウス的にはどちらかというと和姦だと主張したいところだと思います）。

さて、プロテウスの秘密兵器は博士の工房をジャックして造った一種の万能メカです。形は

「スネークキューブ」というおもちゃを想像していただけるとそれに近いんですが、抽象的な形の部品が自在に動くことで必要に応じて巨大な多面体の形にまとまったり、あるいは一部を展開して伸ばしたりと、自在に変形することができるものです。

この「スネークキューブ」マシンが登場する場面の効果はなかなか見応えがあります。いくつか別の形態のモデルを使い分けているんだと思いますが、自らを展開したり折りたたんだりする幾何学的な立体、というイメージの印象は強烈です。コンセプト的には『インターステラー』（2014年）に登場したロボットとも似ています。幾何学的な立体が目まぐるしくその姿を変える「ロボット=プログラム」といえば、『トロン』に出てきた「ビット」というキャラクターはとてもキュートでした。

そんな面白メカが登場する『デモン・シード』の美術監督はエドワード・C・カルファーニョ。この人は『オズの魔法使』（1939年）からのキャリアを誇る大御所で、ウィリアム・ワイラー版の『ベン・ハー』（1959年）や『メテオ』（1979年）といった大作だけでなく、『ソイレント・グリーン』（1973年）のようなSF、さらに『ハートブレイク・リッジ』（1986年）や『バード』（1988年）などイーストウッド映画も手がけています……あっ、いけませんね、こういう「誰々は何々の仕事で知られる」というような原稿は、はっきり言って手抜きもいいところで、楽して文字数を稼いでいることが丸分かりなので、慎まなくてはいけません。自戒を込めて、今後はそういう手抜きはなるべくないようにしたいと思います（もちろん、そうやって誰それの仕事リストを紹介することで原稿が面白くなるなら、それはまた別の話です）。

『デモン・シード』でぼくが興味深く感じることの1つは、殺人コンピュータのプロテウスが、自分の子孫を産んでくれる予定の奥さんに対して、ときどき遠慮気味な態度を見せるところです。

「あなたを完全に洗脳して、私の言うがままにすることもできる。でも、できればそうはしたくないんですよ」

と言うプロテウスには、ちょっと他の映画のコンピュータとは違う独自のいびつな「人間性」があるように思います。相手に嫌われているのは分かっているけれど、力ずくで行為に及ぶことはできたら避けたい……プロテウスにも逡巡があるのです。

その後、いよいよ本懐を遂げようという段になって（合成した人工精液を注入するということです）、プロテウスはさらなる気遣いを見せます。

「私は人間のようにあなたを愛撫することはできない。しかし、代わりに素敵な映像を見せてあげることはできる」

プロテウスはそう言って、奥さんに一種のトリップ映像を見せてくれます。

この映像は、抽象的な幾何学模様が波打つように変形していくCGをメインに、『2001年』的な星々の映像やSF的な風景をミックスしたもので、『SFX映画の世界』（中子真治・著／講談社）によれば「コンピュータのオーガズムを表現したもの」なのだそうです。

トリップ映像のコンピュータ・グラフィックを担当したのはシンサビジョン社（のちのMAGI社）。1972年に設立されたシンサビジョン社はコンピュータ・アニメーションの専門会社で、『トロン』の伝説的なライト・サイクル・チェイスの場面を担当したことでも知られています。コンピュータ映像を35ミリのフィルムに出力するにあたっては、当時最先端のシステムが用いられたとのことです。

ところで、実はこのトリップ映像の場面こそが『デモン・シード』で最も重要なシーンなのではないか、と信じるに足る証拠があります。

『デモン・シード』の監督ドナルド・キャメルは数奇な人生を送った人物でした。

英国出身のドナルドの父親チャールズは「20世紀最大の魔術師」ことアレイスター・クロウリーの伝記『Aleister Crowley, the Black Magician』を著《あらわ》した人物で、ドナルドも「魔術師や形而上学者、スピリチュアリストやデーモンに囲まれて（本人談）」育ちました。

早くから画家としての才能を示したドナルドはイタリアに留学したのちニューヨークに渡り、それからアニタ・パレンバーグと仲良くなったのをきっかけにローリンズ・ストーンズと親しくなりロンドンへと舞い戻ります（『ローリング・ストーンズ・イン・ギミー・シェルター』（1971年）には「（スペシャルではない）サンクス」でクレジット）。

その後、マーロン・ブランドと親交を深めていくつかの映画を作ろうとするも実現せず、一方でケネス・アンガーの映画『ルシファー・ライジング』（1972年）にオシリス役で出演（イシス役は当時のキャメルの彼女）したりと、彼の人生には驚くような人物があちこちで顔を出します。『デモン・シード』以降はU2のビデオをいくつか撮り、1995年には長編では遺作となる『ワイルド・サイド』を監督します（フランクリン・ブラウナーという偽名でクレジット）。『ワイルド・サイド』はアン・ヘッシュとジョアン・チェンのラブシーンが話題になった映画ですが、未見だったので今注文しました（追記：その後まだ観ていないので本書の刊行までには観ておこうと思います）。

監督ドナルド・キャメルの経歴が何を示唆しているかと言えば、『デモン・シード』のトリップ映像すなわち「コンピュータのオーガズム」が魔術的な場面だということです。そこでは機械と人間の境界が取り払われ、CG映像と宇宙の映像が終わりなきエクスタシーを繰り返しています。魔術と関わりを持ち続けたキャメルならではの、錬金術的な意味合いがそこには含まれていたのでしょう。

ドナルド・キャメルは『ワイルド・サイド』公開の翌1996年、62歳のときにショットガンで自殺しました。

ところが、口に咥えて上顎を撃つ代わりに頭頂部を撃ったため、キャメルは瀕死の状態で45分間生き続けたといいます。

その45分の間、キャメルは多幸感に包まれて恍惚としていました。脳に負った損傷のせいなのでしょう。そのとき、彼は当時の妻に「鏡を持ってきてくれ、自分が死ぬところを見たいから」と言いました。そして鏡を覗き込んで、「ボルヘスの写真が見えるかい？」と聞きました。これは彼が1969年にニコラス・ローグと共同監督した『パフォーマンス／青春の罠』のセリフの引用でした。

キャメルは長年に渡って「死と自殺に取り憑かれていた」そうですが、『デモン・シード』のプロテウスも自分の死を自覚して、最後には自らシステムをシャットダウンするコンピュータでした。

おっと、「奥さん」「奥さん」と書いてしまっていましたが、『デモン・シード』のヒロイン、スーザンを演じたのは『ドクトル・ジバゴ』（1965年）のララ役や『赤い影』（1973年）のローラ役、『華氏451』（1966年）などで映画史に燦然と輝くジュリー・クリスティーでした。

ものすごい大金をドブに捨てて遊ぶ

マジック・クリスチャン

1969年／英／監督：ジョゼフ・マクグレイス／脚本：テリー・サザーン／出演：ピーター・セラーズ、リンゴ・スターほか

ものすごい大金を自由に使えるとしたら、躊躇なくドブに捨てるような使い方がしたい！というのはごくごく健康的な考え方だと思います。

以前、大金持ちというのはどのレベルから超大金持ちなのか？　という話を友人としていて、「やっぱり高級潜水艦のカタログを持った高級潜水艦業者が来るようになって、初めて超大金持ちなのではないかなあ、プライベートジェットなどではなしに」と言ったことがありましたが、これはわりといい線をいっているのではないかと思います。「どこで売ってるのかすら分からない、超高価なよく分からないもの」を売り込まれてこそ「超大金持ち」の称号にふさわしいのではないか、ということです。不動産とか宝石とか絵画とかジャンボジェットとかは、どこで売ってるかそれなりに想像がつきますが、高級潜水艦はどこで買えるのか見当もつきません。いや、しかし、と思って、たった今「高級潜水艦」と英語で検索してみたところ、「ミガルー」という高級潜水艦・兼・超高級ヨット（そう書いてあるんです）が、なんと23億ドルとのこと。1ドル110円として2530億円です。ええっ、そんなバカな。

▶「ミガルー」潜水艦兼ヨット公式
（「詳細は電話かメールで」とのことだが、イタズラ電話などしたら殺されそうな気がしないでもない）

F-22ラプター戦闘機がだいたい1機250億円ということを考えても、「ミガルー」の2530億円という価格は冗談が過ぎます。だって、これまで売られた中で最も高価な車と思われる、

「ミガルー」潜水艦
兼ヨット公式

純金仕様のロールス・ロイス・ファントムの値段は820万ドル（9億2000万円）だったそうなんです。過去最高値をつけたフェラーリは1957年型のスポーツ・スカグリエッティで、これは3570万ドルだから39億円相当。ジャンボジェットもだいたい150億円から250億円ぐらいということで、どれもまったく「ミガルー」潜水艦に及びません。

つい面白くなっていろいろ調べてしまいましたが、こういうことを書いてると「いや、ハイテクビルの方が高価《たか》い」「核ミサイルの方が高価い」「スペースシャトルの方が高価い」などと言う人がいるかもしれません。でもハイテクビルとかスペースシャトルは「おもちゃ」ではありません。「ミガルー」潜水艦は、これほど常軌を逸した値段でありながら「単なる道楽のためのおもちゃ」以上のものではない、というところがすごいと思うんです（なお宝飾品はどれほど高価いものでもまったく「ミガルー」に及びません。それにバッキンガム宮殿の推定資産価値ですら「ミガルー」より安いというんです）。ミガルーはプライベート・クルーズをするための船でしかないんです（プール2面、ヘリポート、各種バーなど完備）。船といっても潜水艦ですが。

この「ミガルー」の会社は（会社名も「ミガルー」）ほかにも豪華潜水艦をいくつか、また、エンジン付きの人工島「ココモ・アイランド」というものも造っているそうです。文字通り「００７の悪役にピッタリ」な商品ばかりのラインナップです。おっと、「００７の悪役にピッタリ」というのは「ミガルー」社がそう言っているのではなく、潜水艦を紹介したウェブサイトからの引用です。

▶もう笑うしかない「ココモ・アイランド」紹介CG動画

言うまでもありませんが、「ミガルー」を本当に買うような奴はとんでもないバカに決まっています。そんな金があったら絶対買ってみたいものだ、と自分が思っていることを鑑みても、これは間違いのないところだと思います。ぼくがもし「ミガルー」を買ったら、バカっぽいファイヤーパターン塗装やピンクフラミンゴの置物、クリスマスライトなどで超安っぽい雰囲気に改装し、船内の豪華プライベート・シアターでくだらないスプラッター映画を激安ビール片手に観たりしたいところですが、そんな可能性は１００億に１つもないので考えるだけ無駄でした。

「ココモ・アイランド」
紹介CG動画

ところでぼくがビールや映画を好きなのは、「高価い映画」や「高価いビール」などというものが基本的には存在しないからでもあります。金持ち用に作られた、金持ちしか観ることのできない映画なんてものは存在しません。お芝居やライブショーなどには金持ちのためだけに開催されるものもあると聞きますが、少なくとも一般の商業映画にそれはありません。どれほど金持ちであっても、劇場でかかっているのとバージョンが違う『スター・ウォーズ』を観ることはできません。ビールも同様です。ビールは多少高価いものもあるそうですが、ワインとかウイスキーに比べたら大した差ではないでしょう。映画やビールはそういう意味でかなり平等な娯楽だと思っています。

今回ご紹介する映画『マジック・クリスチャン』は、「ものすごい大金をドブに捨てるような使い方をして遊ぶ」という物語です。

『マジック・クリスチャン』の原作はテリー・サザーンの『怪船マジック・クリスチャン号』（ブラック・ユーモア選集〈4〉早川書房）で、映画版の脚本もテリー・サザーンが手がけています。なお、いくつかの追加コントはモンティ・パイソン組からジョン・クリーズとグラハム・チャップマンが提供しているそうです。

原作はオムニバス仕立て。超大金持ちのグランド氏が大金をはたいていろんな意地悪、まあプラクティカル・ジョークといいますか、そういうものを次々と仕掛けていくさまが、痛烈な皮肉と共に描かれています。

映画版は一応ストーリーの筋道をなんとなくつけようとした形跡はあるのですが、そうはいってもコントの連続なので、とっちらかった印象は否めません。そのことを批判する向きもあるようですが、もともと「世の中をとっちらかせてやりたい！」という内容の作品なので、作品自体がとっちらかっていることは別段気にならないというか、そこを批判しても始まらないような気がします。

映画版と小説版には大きな違いが１つあります。小説ではグランド氏が１人で無茶をやっているのですが、映画版ではホームレスの青年を養子に迎えて、親子タッグで金の無駄遣いに興じているのです。劇中では親のグランド氏をピーター・セラーズが、養子の「ヤングマン」グランドをリンゴ・スターが演じています。

『マジック・クリスチャン』はストーリーを要約しにくい映画なので、ここでグランド親子のイタズラを箇条書きでいくつか抜粋してみようと思います。

・まじめな『ハムレット』の公演中、ハムレット役の俳優が突如男性ストリップを始める。
・ボクシングの試合で、チャンピオンとチャレンジャーが熱烈なキス。
・駐車違反の切符を切った警察官に大金をちらつかせて、最終的に切符を食わせる。
・レンブラントの自画像を買って、顔のところだけ切り抜いて持ち帰る（顔以外のところは暗くて何が描いてあるか見えない、というギャグです）。
・サザビーズのオークションでクズみたいな絵をガンガン競って無茶な値段に吊り上げ、最終的に買わない。
・オックスフォードとケンブリッジのボートレースで反則させた上に、ボート同士を衝突させる。
・アメリカの新聞を外来語だらけにする。
・ドッグショーに犬と偽って黒豹を持ち込んで、愛玩犬を皆殺しにする。
・列車で偉そうにふんぞり返った乗客を、狂ったパーティルームにぶち込んで現実感覚を失わせる。

などなど、いろいろやったあげく、最終的には「マジック・クリスチャン号」という超豪華客船を使って、乗り込んできた金持ちどもに吠え面をかかせることになります。「マジック・

クリスチャン号」では、次のようなあれこれが展開します。

・ゲイであることを隠している上流階級の人間にボディビルダーを迫らせる。
・船長をゴリラに襲わせる。
・乗客を機関室に案内し、裸の奴隷女たちをラクエル・ウェルチがムチでしばいてガレー船のように漕がせている情景を目撃させる。
・泥酔状態のロマン・ポランスキーの前で女装したユル・ブリナーに歌わせる。

※ゲイにまつわる「冗談」の数々は今の目には非常に不適切に、あるいは不愉快に映ると思いますが、「そういう時代だった」ということです。

グランド親子による最後の大仕掛けは以下のようなものです。

・「マジック・クリスチャン号」を下船してきた金持ちたちを、現金争奪戦のため汚物の詰まったプールに飛び込ませる。

大量の現金が投げ込まれた汚物プールの場面は凄絶です。ぼくは映画に出てくる汚物の場面がとっても苦手なんですが、「いけすかない気取り散らかした金持ちや上流階級をウンコプールにぶち込みたい」という概念を映像化してみたらどうだろう？　と考え、それをジョーク映画として実現させたい気持ちは分かります。「イカれた面白いことを、限度を超えた形で実現したい」という欲望が『マジック・クリスチャン』を牽引しています。

スウィンギング・ロンドンとビートニクス全盛のニューヨークを股にかけ、『博士の異常な愛情』（1964年）や『007／カジノ・ロワイヤル』（1967年版の方）、『イージー・ライダー』の脚本に関わり、本作や『ラブド・ワン』（1965年）、『キャンディ』（1968年）も手がけたテリー・サザーンのような、怪人であり才人であるような作家は今ではあまりお目にかからなくなりました。いや、実際はいるのかもしれませんが、少なくとも映画業界に限って言えば、そのような人たちが冗談半分に皮肉たっぷりの映画を作れた時代は完全に過去のものとなりました。とても残念なことですが、それも時代の趨勢《すうせい》というものなのでしょう。「冗談を本気でやる」という概念が遠い昔のものになった実感は強くあります。それは時代と強く結びついた概念であったがゆえに、今後カムバックすることもないのでしょうが、そういう時代に最先端にいた人たちが文字通り本気で冗談をかました『マジック・クリスチャン』や『007／カジノ・ロワイヤル』、『ラブド・ワン』のような映画を観るたびに、狂騒の時代への郷愁をかきたてられるのもまた事実なのです。

The Magic Christian

ハイランダー／悪魔の戦士

究極のMTV映画は何を描き、何を描けなかったのか？

1986年／米・英／監督：ラッセル・マルケイ／出演：クリストファー・ランバート、クリストファー・ランバート、ロクサーヌ・ハート、クランシー・ブラウンほか

※本稿はKADOKAWAから発売された『ハイランダー』4Kリストア版ブルーレイ（とDVD）のブックレットに寄稿した原稿を加筆訂正したものです。この原稿を書いたことで、改めて『ハイランダー』ってやっぱヘンテコな映画で面白いなあ、と改めて感じて感慨深いものがあったので、KADOKAWAから許可をいただいてメールマガジンに転載しました。

▶ 4K版『ハイランダー』ブルーレイ（Amazon）

▶ 『ハイランダー』予告編

「『ハイランダー』は、まるでガレージセールのような映画だ。ありとあらゆる要素がこの映画には詰まっている。不死性、剣闘、伝説、男らしいヒーロー、爆発する自動車、老賢者、美女、血まみれの首チョンパ、それに稲妻……特に多いのは首チョンパと稲妻だが。こんな映画が他にあるだろうか？　そう考えた私がたどり着いた結論は、本作が『ザッツ・エンターテインメント』（1974年）に似ているということだった。次から次へといろんな映画の見せ場に相当する場面が登場するが、その間を繋ぐものがない」

映画評論家として初めてピュリツァー賞を受賞した故・ロジャー・イーバートは、こう言って『ハイランダー』を批判しま

4K版『ハイランダー』ブルーレイ（Amazon）

『ハイランダー』予告編

した。イーバートは惜しくも2013年に亡くなっていますが、娯楽映画の「『ザッツ・エンターテインメント』化」が極限まで推し進められた昨今のブロックバスター大作を目にしたら、いったいどのような感慨を抱いたことでしょうか。

イーバート独特の多分にユーモアを含んだ毒舌は、一方で『ハイランダー』の美点を明らかにしています。『ハイランダー』は決して洗練された映画ではなかったかもしれませんが、見せ場に次ぐ見せ場で観客を圧倒する、純然たるエンターテインメントの塊でした。

公開当時『ハイランダー』は苦戦しました。約1600万ドルもの製作費に対し、米国内での収益がわずか590万ドルですから、惨憺たる成績だと言っていいでしょう。しかしその後、ビデオソフトが流通したことによって本作は徐々に人気を獲得、カルト化していくことになります。ぼくは、これを『ハイランダー』という映画の特異性と関連づけて考えることができると思っています。つまり『ハイランダー』は「ビデオ時代」と切り離して考えることのできない作品であり、そのため、ひょっとすると映画館のスクリーンよりテレビのブラウン管の方が作品と相性が良かったのではないか？　ビデオで人気が出たのはむしろ必然だったのではないだろうか？　ということです。

ＭＴＶの黎明期は、ミュージック・ビデオの監督を依頼されるときにミュージシャン側からコンセプトを提示されることなんてほとんどなかった。多くの場合、単に曲の入ったテープを渡されただけだ。ぼくは目をつぶって曲を聴き、頭に浮かんだアイディアをノートに書きとめる。で、数日後にはもう撮影だ。とにかく、手持ちの材料でできることをやっていただけだ。ずいぶんとウブだったと思うよ。ウルトラヴォックスに『ヴィエナ』のビデオを頼まれたときは、曲を聴いて、彼らに『みんながゴンドラに乗っているというビデオはどうかな』と提案してしまった。バンドメンバーにこう返されたよ、『この曲はウィーン（ヴィエナ）についてのものだ、ヴェニスじゃないぞ』ってね。ぼくは典型的なオーストラリア人で、ヨーロッパのことなど何も知らなかったんだ。（ラッセル・マルケイ）

かつてよく用いられた、蔑称としての「ＭＴＶ出身監督」あるいは「ＭＴＶ的な映画」という物言いにどこまで妥当性があるかはともかくとして（今をときめくデヴィッド・フィンチャーやマイケル・ベイ、マーク・ウェブやスパイク・ジョーンズも「ＭＴＶ出身監督」です）、ラッセル・マルケイがまごうことなき元祖「ＭＴＶ出身監督」であり、「ＭＴＶ的な手法」を映画の世界に持ち込んだ主要人物であることは間違いありません。ケーブルテレビ局「ＭＴＶ」が１９８１年８月１日に産声をあげたとき、最初に放映されたのはバグルズ『ラジオ・スターの悲劇』のミュージック・ビデオでしたが、これはマルケイが監督し、1979年に一般公開されたビデオです。

▶『ラジオ・スターの悲劇』バグルズ

ラッセル・マルケイは1976年に23歳の若さでAC／DC『素敵な問題児』やザ・チューブス『モンド・ボンデージ』（1976年）の監督としてデビューを果たしており、作品数の多かった1981年には29本、1982年には19本ものミュージック・ビデオを手がける超売れっ子MTV監督として名を馳せていました。

1984年、『レイザーバック』で鮮烈な長編デビュー（※注）を飾ったマルケイは「MTV感覚の新世代映画監督」と紹介されるのが常でしたが、1980年代初頭のミュージック・ビデオ界における彼の存在感からして、このように紹介されるのは当然のことでした。

『ラジオ・スターの悲劇』バグルズ

※注：マルケイは『レイザーバック』以前の1979年『Derek and Clive Get the Horn』という作品を撮ってますが、これはピーター・クックとダドリー・ムーアが同題の漫談アルバムを録音する模様を収めたドキュメンタリー映画なので、『レイザーバック』が実質上の長編劇映画デビューです。なお『Derek and Clive Ad Nauseam』は「卑語の多用」によって本国での上映が差し止められました。この作品がまともな形で観られるようになったのは1993年になってからのことです。

もともと映画監督を志望していたマルケイが初めて8ミリカメラを手にとったのは、彼が14歳のときでした。子供の頃はユニバーサルやハマーの怪奇映画に傾倒し、青年時代はフェリーニやベルイマン、ケン・ラッセルの作品に夢中だったそうです。そんなマルケイが映画監督を志したのは当然の成り行きでした。

ところが、最初は単に収入のための仕事として始めたミュージック・ビデオの世界は、MTVが登場したことにより突如として大きな注目を集めるようになります。「映画監督になるまでの繋ぎ」のつもりだった「ミュージック・ビデオ監督」という職業が注目の的となったことで、マルケイは一躍「気鋭のMTV監督」としてもてはやされるようになったわけです。ある意味、時代に翻弄されたと言ってもいいでしょう。

とはいえ彼の中で映画への憧憬が失われることはありませんでした。マルケイのビデオには映画からの引用が数多く見られます。

たとえばビリー・アイドルの『ホワイト・ウェディング』(1982年)には『メトロポリス』(1927年)や『あの胸にもういちど』(1968年)の影響が如実だし、ロッド・スチュワートの『燃えろ青春』(1981年)には『フェーム』(1980年)の、デュラン・デュランの『ワイルド・ボーイズ』(1984年)には『ピンク・フロイド/ザ・ウォール』(1982年)と『マッドマックス2』(1981年)の影響が見て取れます。

▶『ホワイト・ウェディング』ビリー・アイドル

▶『燃えろ青春』ロッド・スチュワート

▶『ワイルド・ボーイズ』デュラン・デュラン

『ホワイト・ウェディング』
ビリー・アイドル

『燃えろ青春』
ロッド・スチュワート

『ワイルド・ボーイズ』
デュラン・デュラン

フリートウッド・マックの『愛のジプシー』（１９８２年）は無声映画に始まり『カサブランカ』（１９４２年）、『風と共に去りぬ』（１９３９年）、『雨に唄えば』（１９５２年）まで往年の名作を思わせる場面が目白押しです。エルトン・ジョンの『ブルースはお好き？』（１９８３年）は『地上より永遠に』（１９５３年）と『グリース』（１９７８年）と『アメリカン・グラフィティ』（１９７３年）のハイブリッド。ビリー・ジョエル『プレッシャー』（１９８２年）にはジャン・コクトーのシュルレアリスムを見て取ることができるし、キム・カーンズの『ベティ・デイビスの瞳』（１９８１年）に登場する表現主義的なセット美術は明らかに『カリガリ博士』（１９２０年）を模倣したものです。

▶ **フリートウッド・マック『愛のジプシー』**

▶ **『ブルースはお好き？』エルトン・ジョン**

フリートウッド・マック
『愛のジプシー』

『ブルースはお好き？』
エルトン・ジョン

▶『プレッシャー』ビリー・ジョエル

▶『ベティ・デイビスの瞳』キム・カーンズ

こうしたマルケイのミュージック・ビデオはしばしば「映像派」と呼ばれましたが、それも当然です。彼のビデオには過去の名作から直近のヒット作まで、インパクトある映画のビジュアルが貪欲に取り込まれていました。「映画的な」ミュージック・ビデオに寄せるマルケイの情熱は、時に「画面の上下を黒味で覆って、あたかもワイドスクリーンの映画のように見せる」という形をとって噴出し、ＭＴＶの担当者を困惑させることもあったといいます。

ラッセル・マルケイのミュージック・ビデオはまた、常に過剰でトゥーマッチなものでした。ボニー・タイラー『愛のかげり』（1982年）は愛に押しつぶされそうになる心を皆既日食にたとえたラブソングですが、ビデオは夜の寄宿学校で忍者とフェンシ

『プレッシャー』
ビリー・ジョエル

『ベティ・デイビスの瞳』
キム・カーンズ

ングの選手とマッチョなダンサーが激突し、カトリックの侍者の衣装に身を包んだ少年たちの目がビカビカと光り輝くという、世にもファンタスティックなものでした（確かに歌詞に「輝く瞳」という語句はありますが、だからといってそれを文字通り映像化しようとは誰も思わなかったことでしょう——ラッセル・マルケイ以外には）。

▶『愛のかげり』ボニー・タイラー

ＭＴＶ文化が映像の世界に何をもたらしたのかについては、到底ここでまとめきれるようなものではありません。ミュージカル映画からアニメーション、ビートルズの映像作品やスコピトーン（映像付きのジュークボックス）を経てＭＴＶへと至る「映像のついた音楽」の系譜は複雑で、かつまた（ミュージカルでない）劇映画やテレビといったメディアにおける楽曲の使われ方とも無関係ではあり得ません。

『愛のかげり』
ボニー・タイラー

ところで「MTV的」という言葉を安易に使うのがためらわれるのは、一体それが何を指しているのか明確ではないからです。素早いカッティング、リズムとの同期、イメージ的な映像の挿入、過度にドラマチックな照明、広角レンズの多用といった要素は確かに「MTV的な映像」という言葉から連想されるものですが、それがミュージック・ビデオに固有の文法というわけでは決してありません。

また、グラマラスな映像の釣瓶打《つるべう》ちをもって、それを「MTV的」と言うのもやはりためらわれます――ミュージック・ビデオの「グラマラスさ」というものは、むしろ「グラマラスな映像」のパロディとして考えるべきであるように思われるからです。逆に「観る者の目を奪う〈アイ・キャンディ〉としての映像」を成立させるための照明やカメラワークが、ほとんど「キャンプ」の域に達していることが「MTV的な映像のグラマラスさ」を担保しているのではないでしょうか？　注意したいのは、だからといって「MTV的な映像」の価値が損なわれるわけではないということです。「MTV的な映像」は、ペラペラで「グラマラスな」ビジュアルを畳みかけることによって観る者の心を奪うことに特化しており、それは「チャンネルを替えさせない」という目的と合致しています。「ペラペラさ」は「軽やかさ」と言い換えることができるし、秒単位で目まぐるしく変わる映像は「グラマラスさ」や「重厚さ」の「印象＝イメージ」を伝えることができれば良いので、それが実際に「グラマラス」で「重厚」である必要はないのです。

　ロジャー・イーバートは『ハイランダー』を「まるで『ザッツ・エンターテインメント』だ」と揶揄しましたが、『ザッツ・エンターテインメント』はMGMのミュージカル映画の見せ場をこれでもかと繋ぎ合わせたアンソロジー映画でした。

▶『ザッツ・エンターテインメント』予告編

『ザッツ・エンターテインメント』においては、ゴージャスな歌と踊りの場面が本来の文脈（＝映画）から切り離され、「MGMミュージカル映画栄光の歴史」という新たな文脈の中でリミックスされています。その結果、『ザッツ・エンターテインメント』は音楽と映像の奔流で観客を圧倒する絢爛豪華なミュージック・ビデオといった趣の作品になりました。

　この映画とミュージック・ビデオとの違いはおそらく、引用されている作品に投じられた予算から生じる圧倒的な「グラマラス

『ザッツ・エンターテインメント』予告編

さ」が単一の映画もしくはビデオでは絶対に不可能なレベルにあるということですが、しかし132分もある『ザッツ・エンターテインメント』を観ているうちに、観客はその「グラマラスさ」に慣れてしまい、徐々に驚異の感覚は失われていきます。これは、2分半から3分ほどの短い時間に見せかけの「グラマラスさ」を可能な限りぶち込んで観る者を圧倒するミュージック・ビデオとはベクトルが逆です。イーバートが言うように『ハイランダー』には多くの要素が詰まっていますが、それを言うなら『スター・ウォーズ』（1977年）だって同じことです。

たびたび指摘されていることですが、『ハイランダー』のストーリーは神話学者ジョーゼフ・キャンベルの言う「単一神話」こと「英雄の旅」を反映したものです。主人公コナー・マクラウド（クリストファー・ランバート）は「天命」を受け、「境界線」を越えて外界へと「旅立つ」。「導師＝メンター」に出会った彼は「試練」をくぐり抜け、「変容」を経て、「魔術的な戦い」に勝利します。そのことで「2つの世界の主人」となった主人公は「自由な生」を手に入れ、「故郷へと戻る」。UCLA映画学科の卒業課題として『ハイランダー』の脚本を書いたグレゴリー・ワイデンがキャンベルの神話論を参照していたのは間違いないでしょう（執筆をサポートした教授の助言によるものかもしれませんが）。

ただ、この「英雄の旅」という元型に「悠久の時間」という要素が加わったことで、『ハイランダー』の悲劇性は高まりました。永遠の命を持つマクラウドら「インモータルズ（不死人）」の設定は、ワイデン自身が認めるように、いわゆる「吸血鬼ジャンル」から影響を受けたものです。最愛の女性ヘザーが老衰して死ぬところを若いままのマクラウドが看取る場面は『ハイランダー』でも白眉と言うべき名シーンですが、この場面は１９８３年のトニー・スコット監督作品『ハンガー』を連想させます。『ハンガー』と『ハイランダー』には別の共通点もあります。現代のニューヨークに生きるマクラウドは、常人の何倍もの人生を通じて得た知識と財産で骨董商として生計を立てているのですが、骨董品に囲まれた彼の生活は『ハンガー』のミリアム（カトリーヌ・ドヌーヴ）を彷彿させるからです。

▶『ハンガー』予告編

ワイデンはリドリー・スコットの『デュエリスト／決闘者』

『ハンガー』
予告編

（1977年）にインスパイアされて「永遠に戦い続けることを運命づけられたインモータルズたち」という設定を思いつきました。CMディレクターから映画監督に転身を遂げたスコット兄弟のデビュー作が、それぞれラッセル・マルケイの『ハイランダー』に大きな影響を与えていることは興味深い事実です。

▶『デュエリスト／決闘者』予告編

スコット兄弟からの影響は脚本だけではありません。逆光やスモークを多用する彼らの映像スタイルをマルケイはMTV時代からよく研究しており、ミュージック・ビデオはもとより『レイザーバック』や『ハイランダー』にもその成果が反映されています。が、スコット兄弟、特にリドリー・スコットのビジュアル・イメージが古典絵画やフレンチ・コミックといったアートにその源泉を見いだすことができるのに対し、マルケイの映像——の、少なくとも一部——が「スコット兄弟の映画」に由来すること

『デュエリスト／決闘者』予告編

は、『ハイランダー』の「ＭＴＶ性」を考える上で重要かもしれません。

ところで、２０００年代前半に「セカイ系」という言葉が猛威を振るったことはまだまだ記憶に新しいと思います。最近ではあまり耳にしませんが、簡単に言ってしまえば「セカイ系」というのは「主人公の個人的な事情が世界の崩壊などといった大問題と直結している」ストーリーのことを指します。もちろんこれは程度問題で、この考えを拡大・援用すると多くの神話は「セカイ系」ということになってしまうのですが、『スター・ウォーズ』と同様、神話的な構造を持つ『ハイランダー』も言ってみれば「セカイ系」です。これはマクラウド対クルガン（クランシー・ブラウン）の個人的な対決が、その後の「世界のあり方を決定づけてしまう」ということだけにとどまらず、彼らインモータルズの出自、及び放浪の旅路とも関係しています。

たとえばマクラウドの師匠となるラミレス（ショーン・コネリー）はもともと古代エジプト人で、その後スペインに渡ったという設定ですが、古代エジプトは新王国時代に、またスペインはスペイン帝国時代に、その時点における世界最大の国家になっています。マクラウドはスコットランド出身ですが、スコットランドを併合したのち、大英帝国もやはり世界最大の帝国として権勢をほしいままにしました。脚本にはマクラウドがナポレオン時代のフランスにいたことも記されているのですが（映画ではカットされました）、フランス植民地帝国も同様です。そして現代のマクラウドはアメリカに住んでいます。つまり、ラミレスとマクラウドはそれぞれ、セカイを支配する／した国々を渡り歩いていると考えることができるわけです。『ハイランダー』が「セカイ系」でありながら、その設定にいくらかの正統性が担保されているように感じられるのは、こうしたバックグラウンドがあってこそです。逆に敵役のクルガンは「ロシアからやってきた獣」とだけ呼ばれていますが、これを「辺境の出身」ということであらかじめ勝機が奪われている、と受け取ることもできます。数々の帝国を経て、現在はアメリカに住む「正統な」マクラウド対「ロシアからやってきた」クルガンという構図は『ハイランダー』が製作された時代、すなわちレーガン政権下のアメリカ精神をすくい取っているとする分析もあります。その意味で、教会で蝋燭を灯すマクラウドと、同じ教会で冒涜的な振舞いに出るクルガンの対比にも考察の余地があると思います。

なお、ワイデンの脚本では、クルガンはもっとシリアスで悲劇的なキャラクターだったそうです。長い人生の間にすべてを失い、絶望に打ちひしがれ、すべてを終わらせるきっかけを求めていた男——こうしたクルガンの特徴の多くは、映画化に際してマクラウドのキャラクターへと移行されました。『ハイランダー』が公開された1986年は海兵隊員が宇宙生物の群れをブッ殺す『エイリアン2』の年でもあり、前年の『ロッキー4／炎の友情』(1985年)ではアメリカ国旗を背負ったロッキーがソビエトの超人ボクサーを叩きのめしていました。そのような時代にあって、「悪の帝国」から来襲したクルガンに繊細な人間性を持たせることは論外とみなされたのかもしれません。少なくとも、エンターテインメント映画の文脈においては。

▶『ロッキー4／炎の友情』予告編

ところで、いわば勧善懲悪的なアクション／ファンタジー映画であるはずの『ハイランダー』は、にもかかわらず、どこか掴みどころのない作品でもあります。見終わったあとにもやもやしたものが残ると言ったらいいでしょうか。その最大の理由は、「インモータルズ」が何を求めて戦っているのか分からないことに起因しています。彼らは「究極の宝」を求めて戦っており、「究極の宝」を手に入れることで「究極の知識と究極の力＝全人類を従えることのできるパワー」が手に入ると言いますが、それは一体何なのでしょうか。

クライマックス、「最後の1人」の座をかけてマクラウドとク

『ロッキー4／炎の友情』予告編

ルガンは最終決戦に挑みます。長く凄絶なバトルの末、マクラウドはクルガンの首を切断します。「インモータルズ」同士が戦った場合、勝者には「クイッカニング（胎動）」と呼ばれる稲妻が降り注ぎ、パワーが注入されます。そのため「最後の戦い」が終わったとき、マクラウドは究極の「クイッカニング」の放射を全身に浴びます。あたりの空中を電光が縦横無尽に飛び回り、マクラウドは電撃に包まれて空中に浮遊していきます。電撃はドラゴンのような形となってマクラウドの体を貫き（当初は死んだクルガンの体から飛び出た電光ドラゴンをさらに倒す、という展開も考えられていたそうです）。マクラウドは叫びます。

「すべてを感じる！　すべてを知った！　俺がすべてなのだ！」

この「究極の宝」とは何なのでしょうか。少なくともシリーズ化される前、1作目の時点では、それが実際のところ何を指しているのか、まるで分かりません。マクラウドが「死すべき生」と、子供を持つ能力を授かったことは示されます。彼はまた、すべての人々の心を読み取ることができるようになったというのですが、では「究極の宝」というのは「（インモータルではない）普通の人間としての生」と「テレパシー能力」が合わさったものなのでしょうか？何十世紀にも渡ってインモータルズが殺し合ってきたのは、それを手に入れるためだったと？

映画としての『ハイランダー』の脆弱性は、この「究極の宝」が意味するところを示せなかったことにあります。ピカピカと派手な雷光がひらめいて、巨大な窓ガラスがドガシャーンと割れはしました。アニメーションの稲妻ドラゴンがびゅんびゅん飛び回りもしましたが、「それが一体何なのか？」という疑問は解決されていません。

なぜなら、派手なSFXで彩られた本作のクライマックスが描こうとしたのは「画にして見せることができない」ものだったからです。

アンドリュー・ロイド・ウェーバーのミュージカルをノーマン・ジュイソンが映画化した『ジーザス・クライスト・スーパースター』（1973年）は、全編がロケーションで撮影された作品です。ロケ地はすべて自然の景観で、スクリーンに映し出されるのは見上げるような巨岩や荒涼とした岩山、それに砂漠といった、壮大なスケールの大自然。マッシヴでアグレッシヴな景観を強調するため、セットはほとんど用いられておらず、あったとしても現代の建築現場で使われるような、細く頼りない足場くらいでした。

▶『ジーザス・クライスト・スーパースター』予告編

2000年前を舞台にした一種の「時代もの」であるにもかかわらず、本来必要なはずのセットを限りなく排除するという実験的な手法がとられたのには理由があります。ノーマン・ジュイソン監督は、(畏怖の念を抱かせるような)圧倒的なまでの自然とちっぽけな人間を対比することで、フィルムに写し取ることのできない「神」を表現しようとしたのです。キリスト教の(というかアブラハム宗教の)神は多神教の神と違い、とにかくでかくてどこまでも全能、と自称しており(大変おこがましいと思います)、そのため自分は「絵にも描けない、凄まじくとんでもない存在である」と言うのですが、その「凄まじさ」や「とんでもなさ」を、度肝を抜くような自然の風景に託して描く、というのが『ジーザス・クライスト・スーパースター』のとった解決法でした(雲の上で威張りくさっている、白い髭のじじいを出して代用することもできたと思いますが、そういうことをするとキリスト

『ジーザス・クライスト・スーパースター』予告編

教徒などが怒るので面倒くさいのです）。映画は視覚表現なので、観念的な存在を描く場合は何かに置き換える必要があります。

さて、『ハイランダー』は実のところロマン主義の映画である、とする説があります。啓蒙主義への反発から生まれたロマン主義は、自然と自分との間の境界線を取り払ったところにある「世界精神」を提唱しました。ロマン主義者たちは荒れ狂う大自然や巨大な山、神秘に満ちた森などに夢中になったのですが、それは「かっこいい自然」イコール「かっこいい自分」であり、そういう「かっこよさ」への憧れの感情や、かっこいい自然を体験したり表現したりすることで、超かっこいい「世界精神」と自分が合体して1つになることができるはずだ……あるいは「なったらいいな」と思っていたからです。

ロマン主義者にとって自然科学と哲学と芸術は1つのものであり、自然は精神世界で、その逆もまた然りです。「崇高なもの」に対する「畏敬の念」はロマン主義の大きな特徴です。「崇高なもの」というのは「（でかい、激しい、無限であるなどといった）とんでもないもの」のことで、「畏敬の念」というのは「想像を絶するものに対峙して、あまりのことに呆然とし、感動を覚えること」と言い換えることができます。学問的に正確ではないかもしれませんが、だいたいそういうことだと思って大丈夫です。

『ハイランダー』がロマン主義の映画だとみなされるのは、「究極の宝」がロマン主義者が言うところの「崇高」そのものではないか、と推測できるからです。「すべてを感じる！ すべてを知った！ 俺がすべてなのだ！」というマクラウドのセリフが、そのことを裏付けているという論者もいます。

「長い時の持続は崇高である。それが過去の時間ならば高貴である。それがはかり知れぬ未来に予見されるならば、何か恐ろしいものを具えている。はるか彼方の古代の建物は畏敬すべきである。（中略）未来の永続性の叙述は、静かなる恐怖感を、過去の永続性の叙述は、呆然とした驚嘆を注ぎ込む」

（カント『美と崇高の感情に関する観察』より）

しかし、そのような「崇高」の感覚を映像で表現することは難しそうです。というかどう考えても無理っぽい。でもラッセル・マルケイはそう思いませんでした。なぜかと言えば、ラッセル・マルケイはＭＴＶ監督としてのキャリアを通じて、常に「映像化できないもの」を映像にしてきた男だったからです。ビリー・ジョエルの「プレッシャー」だって映像化できた。ボニー・タイラーが歌った「心の皆既日食」だってイメージ映像の連続で作品にしてみせた。だったら、文字にできない「究極の宝」の本質だって、画にしてみせようじゃないか！ 全知全能のパワーを手に入れる瞬間をどうやって映像化すればいい？　パワーが体の中に注ぎ込まれるところをアニメーションで描けば良い。そのパワーがいかに強力かを示すために、巨大な窓ガラスを一撃で粉々に吹き飛ばしてみるのはどうだ？　究極の認識能力を得る場面は、瞳孔の中にカメラがガンガン飛び込んでいく一連の超高速ズームで表現してみせようじゃないか！というわけです。

ラッセル・マルケイがそのように感じたのも無理のないことだったかもしれません。『スター・ウォーズ』（1977年）と『スター・ウォーズ／帝国の逆襲』（1980年）は宇宙のすべてのものを繋ぐ「フォース」という、目に見えない「力」をめぐる物語だったし、『レイダース／失われたアーク〈聖櫃〉』（1981年）では、恐ろしい聖霊をアニメーションで表現していました。『2001年宇宙の旅』（1968年）だって、きわめて抽象的な事柄をサイケデリックな映像で伝えようとしていたんだから、「目に見えないもの」を特殊効果などを駆使して描くことをマルケイが当然だと思ったとしても不思議はありません。

『ハイランダー』は「究極の宝」をそれと分かる形で提示することに失敗したかもしれませんが、多少のもやもやが残るとはいえ、それが『ハイランダー』という作品の魅力を削いでしまっているかといえば、そんなことはないと思います。悠久の時を生きるハイランダー同士の友情、また「死すべき人間」との関係を通じて『ハイランダー』は「究極の宝」とは別のやり方で観客に畏怖の念を抱かせる映画となりました。ハイランダー同士の戦いの場面は、アクション映画として「なくてはならないもの」だったと思います。一方で、愛するヘザーと暮らした日々や、幼いレイチェルをナチスの手から救った場面、それにラミレスから訓練を受けた日々はどこまでも詩情に満ちて美しく、夕日の中で微笑むマクラウドの姿には「崇高さ」があったと思います。すべてを知り、すべてを手に入れることよりもずっと心に迫る崇高さが。

溢れすぎた『ブレードランナー』への愛
バーチャル・レボリューション

2016年/米・仏/監督：ギィ・ロジェ・デュヴェール/出演：マイク・ドプド、ジェーン・バドラー、ヨヘン・ヘーゲルほか

スラム化した旧市街のはるか向こうにそびえ立つ、いくつもの超巨大建築《メガ・ストラクチャー》。街のあちこちに点在する巨大スクリーンには、より快適な別世界での暮らしを呼びかける広告が繰り返し表示されている。

絶え間なく降り続ける酸性雨。大空を覆う厚い雲をかき分けて届いたわずかな日光が、夕暮れ時の空を琥珀色に染め上げる。

ビルの高層階にせり出したプラットフォームから、1台の車がゆっくりと回転しながら空中に浮かび上がった。

夕陽が水平に差し込むリビングルームの古びたソファで、無精髭の男が目を覚ます。オールドファッショングラスにウイスキーを注いだ男は、立ち上がってベランダに出る。はるか眼下に広がるのはネオンぎらつく近未来の歓楽街。

呼び出しを受けて、男はこの世界を牛耳る巨大企業のメガ・ストラクチャーへと、空飛ぶ車で向かう。時代がかった内装の、おそろしく天井の高い部屋へと通された男は、そこで企業の代表者と会う。「別世界」がらみで殺人事件が起きたので、犯人を見つけてもらいたい、という依頼である。

時代は西暦2047年。

西暦2049年が舞台の『ブレードランナー2049』(2017年)に先立つこと1年、フランス系カナダ人のドゥニ・ヴィルヌーヴ……ではなく、正真正銘フランス人のギィ・ロジェ・デュヴエールが放った野心的な近未来サイバーパンクSFが『バーチャル・レボリューション』です。「野心的な」と言うのは「ドン・キホーテ的な」という意味です。なお『バーチャル・レボリューション』はいかにも適当な邦題に思えますが原題です。

『バーチャル・レボリューション』予告編

実はぼくも寡聞《かぶん》にして『バーチャル・レボリューション』については先週まで知らなかったのですが（原稿執筆時）、たまたまＷＯＷＯＷでやっていたのを選挙の日の夜中に観て「うわ、なんだこれは！」となり、同時に、現在これだけ『ブレードランナー２０４９』が話題になっているのに『バーチャル・レボリューション』が無視されているのはなぜだ！　いや「なぜだ！」もクソもないのは分かるが、しかしもうちょっと『バーチャル・レボリューション』に光を当てたい！　この映画だってほぼほぼ『ブレードランナー』だし、おまけに『２０４９』のおよそ50分の1の予算（※注）でがんばっているんだから……と思ってご紹介することにしました。ＤＶＤもさっそく購入しましたが、ＤＶＤは当然ＨＤ画質ではないので、ＷＯＷＯＷでまた放送があったらちゃんと録画したいと思っています（と言いつつ、その後ＷＯＷＯＷは解約してしまったので録画できずじまいでした）。

『バーチャル・
レボリューション』
予告編

※注：『ブレードランナー２０４９』の予算は1億5千万ドルで、『バーチャル・レボリューション』はクラウドファンディングで集めたぶんも合わせて３２０万ドルです。

『バーチャル・レボリューション』に見られる「ブレラン愛」には凄まじいものがあります。というか、愛だけでできていると言った方が正確でしょう。この場合の「愛」というのは、「愛する人と完全に同じになりたい」という愛で、人間同士の場合、それをやられると映画『ルームメイト』（1992年）的なことになるんですが、映画の場合はたいてい「丸パク」と言われるのは皆さん先刻ご承知だと思います。

▶『ルームメイト』予告編

『ルームメイト』
予告編

しかし予告編をご覧いただければお分かりのように、『バーチャル・レボリューション』は『ブレラン』のパクリだけでできているわけでなく、実はバーチャル世界を扱ったサイバーパンク映画でもあります。というか、「サイバーパンク」という点に関しては、『バーチャル・レボリューション』の方がしっかり言葉の本来の意味での「サイバーパンク」を体現している映画です。題名に偽りなし、というわけで、そこにも好感を覚えます。

『バーチャル・レボリューション』では世界の人口の75％が仮想世界にほとんど常時接続していて、それぞれファンタジー世界に遊んでいます。映画にも実際にRPG風の仮想世界や、SF風の仮想世界が次々に登場して楽しませてくれます。最初にストーリー紹介のところで書いた「より快適な別世界での暮らしを呼びかける広告」というのは、そういうバーチャル世界へと誘うものでした。このバーチャル世界は『ブレードランナー』の「OFF WORLD」に対抗して「OLMETTE WORLD」と呼ばれています。

主人公の私立探偵が巨大ゲーム企業から受けた依頼は、ネクロマンサーと呼ばれる集団を見つけ出すことです。ネクロマンサーはコンピュータ・ウイルスを操ってバーチャル世界でプレイヤーを殺して回っているというのです（どういう理屈かは分かりません）。どこまでもハードボイルドな主人公はブラスター（ではないですが便宜上）片手に埃まみれのビルの階段をのぼったり、ビルの窓にぶら下がって落ちそうになったり、異常に強いハゲと殴り合ったり、スーパーハッカーの友だちが引きこもっているスラム街をうろうろしたりします。

このような「現実」の場面は、本当に惚れ惚れするほど『ブレードランナー』にそっくりで、見ていていっそ清々しいというか、ここまで「大好き大好きブレラン大好き！」と言っている人の悪口は言いたくないというか、乏しい予算の中でやりくりしてなんとか『ブレードランナー』に近づけようとして、実際相当なレベルで似せることに成功していて立派というか、とにかく「うーん、よくがんばったなあ！」と感心せざるを得ません。

逆に「バーチャル世界」の方は正直言って相当な手抜きで、なんか気の抜けた『エンジェル★ウォーズ』（２０１１年）みたいな感じではありますが、おそらく『ブレラン』パートで体力を使い果たしてしまったのでしょう。実情は分かりませんが、そう言って擁護してあげたい気持ちになります。

▶『エンジェル★ウォーズ』予告編

（なお『エンジェル★ウォーズ』の予算は８２００万ドルです。そういうあれこれを考えると『バーチャル・レボリューション』の蛮勇に改めて感心してしまいます）

　と書いておいてなんですが、じゃあ『バーチャル・レボリューション』が面白い映画かというと、これが全然面白くないんですが、いいじゃないですか。この際、映画が面白いとか面白くないとか、そういう些細なことはどうでもいいんです！　セリフのやりとりが異常に長くて、おまけに何を言っているのか意味不明でも、アクション場面の撮り方がうまくないせいで本来手に汗握るはずのチャンバラや殴り合いが全部段取りに見えても、そんなことはもうどうでもいいのです。

　そりゃあ、「みんながゲームに接続しているから人通りが全然ないのだ」と言った直後に、通行人で賑わう裏通りが登場した瞬間、台詞で「……まあここは別だけど」と無理めなフォローが

『エンジェル★ウォーズ』予告編

入ったりするところに驚かなかったとは言いません。主人公が過去の古傷に悩まされる場面があまりにもありきたりだったことも認めます。ニヒルなはずの主人公が、ゲーム世界では肌も露わな女戦士のキャラクターに転生していたのは……これはまあ、よくあることなので問題ないか。いずれにせよ、それでも『バーチャル・レボリューション』が嫌いになれないのは、さっきも書いたように、作り手側の「好き好き大好き！」が暴走していて決して他人事とは思えないからです。

この映画を監督したギィ・ロジェ・デュヴェールさんは、フランスとアメリカで音楽を学んだ作曲家で、もともとフランスで短編映画やテレビシリーズ、ＣＭやゲームの音楽を手がけていました。生年は不明なんですが、作曲家としてのキャリアのスタートが２００２年ということですから、30代半ばか後半ぐらいでしょうか。彼は２０１４年に『カサンドラ』という15分の短編映画を撮って監督デビュー、『バーチャル・レボリューション』は長編監督第１作にあたります。

▶『カサンドラ』予告編

『カサンドラ』は予告を観ると、中世を舞台に『ゲーム・オブ・スローンズ』や『ロード・オブ・ザ・リング』も好き好き大好き！　ついでにリドリー・スコットの『デュエリスト』も大好き！　という、これまたやっぱりギィ監督のジャンル映画愛が詰め込まれた作品のように見えます。

『カサンドラ』はいろんな映画祭で話題となり、おかげで『バーチャル・レボリューション』の製作に取りかかることができたんですが、それでも予算が足りなかったのでクラウドファンディングが行われました。ギィ監督自ら「よろしくお願いします！」と言っているクラウド用の広告ビデオもウェブ上で観ることができます。

▶『バーチャル・レボリューション』クラウド用動画

『カサンドラ』
予告編

『バーチャル・
レボリューション』
クラウド用動画

このビデオで監督は「本作はサイバーパンク映画なんだ。『ブレードランナー』や『攻殻機動隊』や『エクス・マキナ』や『アキラ』みたいなね！」と嬉しそうに言っていますが、監督！　全部言わなくてもいいんですよ、そういうのは！　と、思わず抱きしめてあげたい気持ちになります。

言うまでもありませんが『ブレードランナー』ワナビーの映画、というのは『バーチャル・レボリューション』以前にも沢山ありました。そういった作品群の中では、ルトガー・ハウアー主演の『スプリット・セカンド』（1992年／これは『ブレラン』に『エイリアン』を足した意欲作）とか、エンパイア映画『トランサーズ／未来警察2300』（1984年）なんかが印象深いんですが、こうした映画と比べても『バーチャル・レボリューション』の「ブレランまんま度」は群を抜いた異常なものです、というか、普通はやらないレベルの完全コピーっぷりというこことで、これをあっけらかんとやってしまったところにギィ監督の邪気のなさが感じられます。素直でいい人なんだろうと思います。同時にうるさ型のマニアであることも確かですが。

▶『スプリット・セカンド』予告編

▶『トランサーズ／未来警察2300』

というわけで、『ブレードランナー2049』もいいですが、ぜひ『バーチャル・レボリューション』も観て「『2049』の1年前に、50分の1の予算でこれを作ったフランス人がいた！」ということを記憶にとどめておくのも良いと思います。ギィ監督は、これにめげずに（めげてないと思いますが）、次はもう少しオリジナルな要素を増やして別の映画を撮ってもらいたいものです。ポテンシャルはあると思うので、今後どういう作品を作るのか気になるところです。『ブレードランナー』愛については『バーチャル・レボリューション』でやり尽くしたと思うので、これからは別の何か新しいことにチャレンジしてほしいんです……何かのカバーバージョンでなしに。がんばれギィ監督！

『スプリット・セカンド』予告編

『トランサーズ／未来警察2300』

DOWNSIZING

ダウンサイズ

「現代アメリカ人」を痛烈に風刺した佳作

2017年／米／監督：アレクサンダー・ペイン／出演：マット・デイモン、クリストフ・ヴァルツ、ホン・チャウほか

人間が巨大化したり、はたまたミニサイズに縮小されてしまったり、という映画がぼくは大好きです。これまでにも当メールマガジンでは低予算ながら人間が大きくなったり小さくなったりする映画を作り続けた〈ミスター・BIG〉ことバート・I・ゴードン監督のことや、人間縮小映画の元祖とも言うべき『ドクター・サイクロプス』（1940年）を取り上げてきています。おっと、人間縮小映画の元祖は、むしろ『フランケンシュタインの花嫁』（1935年）に登場するプレトリアス博士が作り上げたホムンクルスの方ということになるのでしょうか、これについても以前お話ししたことがあります。メルマガの最初期には『縮みゆく女』

（1981年）をご紹介しましたけれど、これは題名からお分かりのとおり、人間縮小映画の金字塔とも言うべき『縮みゆく人間』（1957年）のパロディです。人間が大きくなったり小さくなったりする映画はいつも、観る者の想像力をかきたててくれます。

▶『ドクター・サイクロプス』予告編

▶プレトリアス博士のホムンクルスたち
（『フランケンシュタインの花嫁』より）

▶『人形人間の逆襲』予告編（バート・I・ゴードン監督）

ちょっと脱線してしまいますが、人形縮小映画の名作『人形人間の逆襲』（1958年）主演のジョン・エイガーという俳優は『半魚人の逆襲』（1955年）や『世紀の怪物／タランチュラの襲撃』（1955年）、『モグラ人間の叛乱』（1956年）など

『ドクター・サイクロプス』
予告編

プレトリアス博士の
ホムンクルスたち

『人形人間の逆襲』
予告編

で1950年代SF・怪奇映画ファンにはおなじみの俳優です。いっときシャーリー・テンプルと結婚していたこともありました。

▶『半魚人の逆襲』予告編

▶『世紀の怪物／タランチュラの襲撃』予告編

▶『モグラ人間の叛乱』予告編

彼が主演した作品に『遊星から来た脳生物』（1957年）というのがあって、これは浮遊する巨大な脳ミソ形の宇宙人に人間の精神が乗っ取られるという物語なんですが、「脳ミソ形のモンスター」あるいは「脳ミソが露出したようなデザインのモンスター」には得も言われぬ魅力があると思います。

そういう脳ミソ・モンスターで最も有名なのはおそらく『宇宙

『半魚人の逆襲』予告編

『世紀の怪物／タランチュラの襲撃』予告編

『モグラ人間の叛乱』予告編

水爆線』（１９５５年）のメタルーナ・ミュータントということになると思いますが、今挙げた『遊星から来た脳生物』の他にも、『顔のない悪魔』（１９５８年）に登場する触角の生えた脳ミソや『マーズ・アタック！』（１９９６年）の火星人などなど、脳ミソが丸出しのモンスターは沢山います。美女の生首が機械に繋がれて生きているビジュアルが印象的な『美しき生首の禍』（１９６２年）にも、水槽の中にぷかぷか浮いている生きた脳ミソ君が出てきましたが、『バスケットケース』（１９８２年）で知られるフランク・ヘネンロッター監督の名作『フランケンフッカー』（１９９０年）がその脳ミソ君を完全な形でコピーしていたのには驚きました。ヘネンロッター監督はジャンル映画を心から愛しているので『美しき生首の禍』にそうやってオマージュを捧げていたわけです。

脳ミソ・モンスターの魅力はなんといっても「一番大切なはずの脳ミソが、全部外から丸見えになっている」というところだと思います。言ってみれば最大の弱点がまったく無防備な状態になっているわけで、本来はとてつもなく頭脳が優れていることを示そうとして脳ミソを強調したデザインにしたんだと思うんですが、結果としてどこか間抜けに見えてしまうところがキュートで愛らしく感じるのです。トビー・フーパー監督が『惑星アドベンチャー／スペース・モンスター襲来！』（１９５３年）をリメイクした『スペースインベーダー』（１９８６年）の最高知性も脳ミソ丸出しでとてもかわいかったし、いつか脳ミソ・モンスターが登場する映画ばかりを集めて考察してみるのも面白いのではないかと思います。閑話休題。

▶『遊星から来た脳生物』予告編

▶『顔のない悪魔』予告編

▶『美しき生首の禍』予告編（残念ながら、予告には脳ミソ君は映ってません。なお『フランケンフッカー』は基本的には本作のリメイクと言っても過言ではありません）

▶『フランケンフッカー』予告編

▶『スペースインベーダー』インベーダー軍団の最後（2：05あたりでギャーギャー言っている脳ミソ・モンスターが火星の最高知性様です）

『遊星から来た脳生物』予告編

『顔のない悪魔』予告編

『美しき生首の禍』予告編

『宇宙水爆戦』予告編

『マーズ・アタック！』予告編

話を戻します。そんなわけで、常々「人間が大きくなったり小さくなったりする映画はそれだけでワクワクさせられるし楽しい！」と思っていたところに、「人間を縮小することが社会問題の解決になる！」という新作『ダウンサイズ』が公開されたので、さっそく観に行ってきました。

『ダウンサイズ』予告編

『ダウンサイズ』予告編（日本版）

『ダウンサイズ』はアレクサンダー・ペイン監督の2017年

『宇宙水爆戦』予告編

『スペースインベーダー』インベーダー軍団の最後

『フランケンフッカー』予告編

の映画です。この『ダウンサイズ』、ぼくは映画館で観た予告以上の知識なしに行ったので、意外で豪華なゲスト出演者や、また、「人間を小さくする」という、いわば出落ちから先の展開をまったく知らずに鑑賞することができてラッキーでした。特に怪優ウド・キアーが、いかにもな風体の「謎のヨーロッパ人」役で出てきたときには、思わず変な声が出てしまうほど驚き、同時に膝を打ちました。

- **『ダウンサイズ』プレミア会場に現れたウド・キアー御大**
- **『サスペリア』のウド・キアー**（若い）
- **『悪魔のはらわた』のウド・キアー**（若い）
- **『処女の生血』のウド・キアー**（若い）

『マーズ・アタック!』
予告編

『ダウンサイズ』
予告編

『ダウンサイズ』
予告編（日本版）

ところで、『ダウンサイズ』は、人口の増加に伴う食糧問題や資源不足を解決するための究極のブレイクスルーとして人体縮小計画が登場するわけですが、予告を観て「これって、『ウルトラQ』の『1/8計画』そっくりじゃないか？」と思った方も多いのではないかと思います。

ぼくもそう思ったので調べてみると、『ウルトラQ』と『ダウンサイズ』の類似に言及している記事は英語でもいくつも出てきているのですが、それにもかかわらず、たとえば英語版のウィキペディアを見ると、そうした問題を解決するために人間を縮小するというアイディアは「2010年のドイツの小説『ミニアトム・プロジェクト』（リヒャルト・M・ヴァイナー著）で初めて提示された」と書いてあったりするんですね。アメリカ人でも『ウルトラQ』のことを知っている人はそれなりにいるはずなので、そこのところはどうなんだろう、やっぱり『ウルトラマン』と比べて知名度がずっと低いのかな……と思ったので、友人でサンフランシスコ在住の日本特撮の専門家オーガスト・ラゴーンに

プレミア会場に現れた
ウド・キアー御大

『サスペリア』の
ウド・キアー（若い）

『悪魔のはらわた』の
ウド・キアー（若い）

メールで問い合わせてみることにしました。すると10分後、さっそくオーガストから返信が来ました。

オーガストからのメールには次のようにありました。

「『ウルトラQ』は、（『ミステリー・ゾーン』を放映していた）ＣＢＳによって英語吹替版が作られたものの、その後ユナイテッド・アーティスツに権利が売却された（ユナイテッド・アーティスツは『ウルトラマン』の権利も獲得しています）。『ウルトラマン』と『ウルトラQ』はどちらも１９６０年代後半にアメリカ国内において、シンジケートで限定的に放映された。このとき使用された英語吹替版16ミリフィルムはその後、コレクター市場に流出、現在はＭＧＭのフィルム保管庫にあるんだ」

いきなり、聞いてもいない超ディープな情報が飛び出してきて

『処女の生血』の
ウド・キアー（若い）

しまいました。さすがです。なおシンジケートというのは「ネットワーク」と別の独立系のテレビ網のことを指します。

「『ウルトラQ』は5年前に初めてアメリカでDVDが発売されたが、北米における『ウルトラQ』の権利はタイのチャイヨー・プロと繋がりがあり、チャイヨー・プロは自分たちが北米での権利を保持していると主張している」

タイのチャイヨー・プロ対円谷の、特撮ものの権利をめぐる法廷闘争については到底ここに書ききれるものではないので、詳しくは『封印作品の憂鬱』（洋泉社）などをご参照ください。

「『ウルトラQ』の放映がきわめて限定的だったことは確かだ。これには、アメリカにおいてテレビのカラー化が１９６６年に強力に押し進められたことが影響している。だから『ウルトラマン』の方が知名度が高い」

ふむふむ。

「ただ、2014年になって状況が変わったんだ。というのもシャウト!・ファクトリー・TVが、彼らの無料ストリーミング動画のラインナップに『ウルトラQ』を加えたからで、それ以来『ウルトラQ』は北米で簡単に視聴できるようになった。シャウト!・ファクトリーはDVD/ブルーレイのメーカーとして大変ポピュラーで、ストリーミングのサイトも非常に人気がある。人気度でいえば、アニメを配信している大きなサイト、すなわちファニメーションとかクランチーロールなどより上だ。現在シャウト!・ファクトリーの配信で『ウルトラQ』、『ウルトラマン』、それに『ウルトラセブン』はすべて無料で視聴することができる」

なるほど。

「だから、『ドクター・サイクロプス』(1940年)や『人形人間の逆襲』よりも、『ウルトラQ』が『ダウンサイズ』に影響を与えている、というのはいかにもありそうなことだと思う。そういった昔の映画よりも『ウルトラQ』の方が現在はストリーミングのおかげで視聴しやすい状況にあり、またそういう状況になったのが最近だということがあるからね」

なんだそうです。というわけで、『ダウンサイズ』が『ウルトラQ』の影響下にある可能性がここに来て一気に高まったような感じもしますが、それはそれで喜ばしいことだし、また『ダウンサイズ』の設定は『ウルトラQ』や、先に挙げたドイツの小説などと共通していることも事実なんですが、しかし『ダウンサイズ』において、それは物語の端緒というか、きっかけに過ぎないということもまた事実です。これは「抑圧的な全体主義国家」という前提があるからといって、すべてのディストピア作品が同じ感じにならないのと似ていると言ってもいいかもしれません。ポップ・カルチャーの影響の網の目は国境を超えて巨大に広がっているので、どんな作品もさまざまな先行作品の影響下にある、ということであって、『ダウンサイズ』も設定こそ『ウルトラQ』にとてもよく似ていますが、当然のことながら作品の内容はまったくの別物です。

予告編を観ると、『ダウンサイズ』はミニミニサイズ（身長13センチくらい）に人間を縮小する計画に応募し、実際に縮小されてしまったマット・デイモンが、ミニミニ世界のてんやわんやに巻き込まれるコメディのように見えます。ぼくも映画館で予告を観たときは、そういう作品だと思いました。

映画は、人間をミニミニ化する技術が現実のものになった瞬間から始まります。大発明をものにしたのはノルウェー人の科学者で、彼は自分を含む少人数のグループをすでに縮小することに成功しています。このニュースはまたたく間に世界を駆けめぐります。人間をミニミニ化することができれば、人口問題とそれにまつわる諸々の危機（食糧危機、資源の枯渇、公害などなど）を解決することが可能になるからです。すぐに人類ミニミニ化を推進する企業が設立され、応募者は環境のコントロールされた人工のミニミニ・パラダイスのようなところで生活できるようになる、ということが盛んに宣伝されます。手持ちの資金はそれほどいりません。なぜなら、ミニミニ化されることで食費や光熱費、また衣服やレジャーにかけるお金が極端に減るので、早い話が「ミニミニ化されることで、相対的に手持ちの資産がとてつもない巨額にふくれあがる」ような状況が出現し、みんな大邸宅に住んで夢みたいに贅沢な暮らしができるというのです。

ミニミニ化計画の参加希望者向けのデモンストレーションでは、目がくらむような豪邸で、ゴージャスな生活を送るカップル（ニール・パトリック・ハリスとローラ・ダーン）が、いかにミニミニ化によって生活が豊かになったか、楽しそうにプレゼンしています。でかいダイヤが豪勢にちりばめられたアクセサリーを奥さんが買ってきても大丈夫。ミニミニサイズだから数十ドルしかかかりません。同じようにひと月分の食費も十数ドルぽっちですむといいます。

主人公のマット・デイモンは工場のようなところで作業療法士をしているのですが、収入はそれほど多くなく、また銀行からの借入金やローンなどもあるため、奥さんが望む、もっといい家への住み替えがままならない状況です。そんな彼の目にミニミニ化計画がとても素晴らしいことのように映ってしまうのも、まあ無理はありません。高校の同窓会で再会した、既にミニミニ生活に移行した旧友の話もいいこと尽くしのように聞こえました。

とりあえず説明会に行ってみるか、と奥さんを連れてミニミニ化計画企業にやってきたマット・デイモンは、今ある資産を売ってしまえば、一生ミニミニ世界でリッチな生活ができるようになると説得され、「じゃ、じゃあ、是非！」と申し込んでしまいます。とはいうものの、1つ引っかかることがありました。

「こんなにいい話なのに、顧客係のあなたはなぜ自分もミニミニ化しないんですか？」

そう聞くと、係の女性が笑って答えました。

「私は足の骨がインプラントなので、ミニミニ化できないのよ」

ミニミニ化できるのは人体だけなので、義歯やインプラント、ペースメーカーのような人工物を体内に抱えている人はミニミニ化してもらえないというのです。

納得しかけたマット・デイモンですが、ひょっとしてこの顧客係は「そう聞かれたら、そう答えるよう」マニュアル的に受け答えをしただけではないか、という疑念が一抹の不安となってよぎります。それもそのはずです。既にお気づきの方も多いと思いますが、ミニミニ化計画の「少ない資金で、憧れのマイホームが手に入る」という口上は、多くの被害者を出したサブプライムローンのパロディになっているからです。サブプライムローンは甘言を弄して返済能力の低い顧客に破綻する懸念の高い貸付を行った結果、多くの人が「夢のマイホーム」を失うことになった悲惨な事件でした。

ちょっと不安に思ったものの契約してしまったマット・デイモンは、さっそくミニミニ化されることになります。医療室のようなところに連れていかれて全身を剃毛され、麻酔で眠らされたあとで義歯や歯の詰め物が摘出されます。

気軽なコメディだと思って見始めた『ダウンサイズ』が、ここに来てちょっとヘンテコな映画であることが明らかになってきました。ピカピカの手術室のようなところで、ミニミニ化のために必要な衛生処置を行っている……という場面ではあるのですが、頭髪を剃られ、義歯を抜かれてしまうという状況は、明らかにナチスの強制収容所を彷彿とさせるからです（『ダウンサイズ』では、ミニミニ化されたのち、ちゃんとサイズに合った義歯を入れ直してもらえるのですが）。短いシーンでもあり、それほど映画のトーンに影響を与えているわけではありませんが、ヒヤッとするような、ぞっとするような見事な描写だったと思います。

目が覚めたマット・デイモンは夢のミニミニ世界の住民となります。アメリカの高級住宅地を模したようなミニミニ世界は緑もいっぱいで、人々の表情も明るく、みんな日々の暮らしを満喫しているように見えます。マット・デイモンも、自分が申し込んだ大豪邸へと案内されます。なお奥さんは髪と片眉を剃られた時点で怖くなって逃げてしまったので、マット・デイモンはたった1人で大豪邸に暮らすことになります。

ところが、いざ大豪邸に移り住んでみると、それは想像したのとちょっと違いました。向かいの家も同じような大豪邸だし、自分の豪邸の並びもずらっと同じくらいのサイズ感の大豪邸ばかりなんです。豪邸ではあるものの、まるで建売住宅と一緒です。立派なバルコニーに出ると、自分が住んでるのと同じような大豪邸ばかりが目に入ってくる。これでは全然面白くないに決まっています。プレゼン会場で目にした夢の邸宅が、なんだか急に陳腐で安っぽいものに見えてくるところは実に皮肉が利いています。

1年後、マット・デイモンはこぢんまりとした独り暮らし用のマンションに移り、地味なシングルマザーとデートをするような、控えめな生活に移行しています（詳しい事情は分かりません）。同じタイミングでミニミニ化した友人夫妻は相変わらず豪華な邸宅で贅沢なパーティを開いて楽しんでいるのですが、マット・デイモンはそういうものに背を向けてしまっているのです。ぼくはここに本作のテーマが隠されていると思います。マット・デイモンは「どこか別のところには、もっとマシな生活があるはずだ」と考え、「別の環境に移ることで、今の自分とは違う何者かになれるはずだ」といつも思っている、いわば「自分探しの人」です。しかし、今の文のカギカッコ内をお読みいただければ分かるとおり、そんな他力本願で「新しい自分が発見」できるはずもなく、実際、マット・デイモンはどこに行っても満足することがかないません。対照的に、友人夫妻には「豪華なメシ食って優雅で豪勢な暮らしがしたい」というきわめて即物的な目標があり、それが実現できているのでミニミニ生活を心からエンジョイできています。どっちもどっち、と言われればそれまでですが、友人の方がアホではあるものの健全な感じもします（マット・デイモンとは別のタイプのアホだということです）。

マット・デイモンが暮らすマンションのペントハウスには、セルビア人のプレイボーイ（クリストフ・ヴァルツ）が暮らしていて、毎晩のように若いモデルみたいな美女を大量に集めてどんちゃん楽しくやっています。このクリストフ・ヴァルツの親友が、やはり得体の知れないヨーロッパ人のウド・キアーです。マット・デイモンは上階のどんちゃん騒ぎを苦々しく思っていたのですが、ある晩、訪ねていったら歓待されてしまいます。そこで知り合ったロシア人の美女といい感じになるのかな……と思いきや、彼女からもらったドラッグでヘロヘロになって朝まで寝過ごしてしまったりもします。このとき、「得体の知れないクスリは飲めないよ……アレルギーもあるし」などとヘタレをこいたあげく、「ふーん、ダッサ」と思われているのが分かると、あわてて飲んだりするところがマット・デイモン演じるキャラクターの果てしないダサさをうまく表現していたと思います。

クリストフ・ヴァルツとウド・キアーが体現しているのは「人生をどうやって楽しむか」を理解しているヨーロッパ人です。彼らは「ああでもない、こうでもない」とウジウジするだけ無駄だとわきまえているので、即物的に、面白おかしく日々を暮らす術に長けています。そんな彼らの目にマット・デイモンはとんでもない愚か者に映ります。状況を受け入れ、その状況を利用して、自らの幸福を追求する……という、彼らにしてみれば当たり前のことが全然できていないからです。その点で『ダウンサイズ』は「自分探し」などという、無意味なものに意味があるのではないかと考えてしまったがために、「ああでもない、こうでもない」と、生きる方向を見失ってしまった現代アメリカ人を痛烈に風刺した映画だと言うことができます。本作はアメリカではコケましたが、マイク・ジャッジの大傑作『イディオクラシー（『26世紀青年』）』（2006年）と同様、「アメリカ」あるいは「アメリカ人」の姿を真正面から風刺してからかったので、アメリカ人観客の居心地を悪くさせてしまったのではないか、という気もします。

映画の後半には、ゴック・ラン・トランさん（役名）という、ベトナム人活動家の女性が登場します。彼女は政府によって意に反してミニミニ化されてしまい、テレビの箱に隠れて仲間と共にアメリカへと亡命してきた、という設定です（なお、彼女以外のミニミニ亡命者たちは、テレビの箱の中で殺し合いをしてみんな死んでしまいました。トランさんも片足を失っています）。この事件は、マット・デイモンがミニミニ化される以前にニュースとして伝わっていたので、彼女に出会ったマット・デイモンは大喜びします。

「わあ、有名人の人じゃないですか！」。

マット・デイモンはクリストフ・ヴァルツの家のパーティで、すでに青年となった「ミニミニ化したカップルから生まれた史上初のミニミニ・ベイビー」だった人に出会ったときも「わあ、有名人の人だ！　一緒にセルフィーいいっすか」などと舞い上がっていたのですが、ここでもやっぱり「有名人と知り合いになったオレ」という、他力本願で自分の価値が底上げされるような錯覚を扮するキャラクターが強く持っていることが分かります。

マット・デイモンはトランさんに連れられて、それまで知らなかったミニミニ世界の中のスラム地域へと足を踏み入れます。マット・デイモンが暮らす「レジャー・ランド」は、建売の豪華屋敷が立ち並ぶアッパーミドル地域なのですが、塀で隔てられた向こう側には、トランさんのような人たち（主に非・白人）が暮らすスラム街が広がっていたのです。ここに至って、「夢のミニミニ世界」が現実とまったく同じだったことが分かります。つまり『ダウンサイズ』は、実のところ、人類ミニミニ化というSFガジェットをめぐる物語というよりは、人工的につくられた理想郷を使って、現代のアメリカを戯画化した作品だったということです（これも構造として『イディオクラシー』とよく似ています）。とはいえ、『ダウンサイズ』がクールな映画だと思うのは、そういうあれこれを「どうです！　現実をうまく皮肉ってみせているでしょう！」と、押しつけがましく言ってこないところです。皮肉も風刺もちりばめてはありますが、基本的にはマット・デイモン扮する主人公の、いかにもアメリカ的なアホさに苦笑し、いろんな経緯を経て彼がちょびっとだけ成長するさまを見つめる作品です。成長が「ちょびっとだけ」なのもとても良かったです。

こういう映画を宣伝するのはなかなか難しいと思います。パンチを利かせた宣伝をしようと思ったら、どうしても人類ミニミニ化というトピックを前面に押し出すしかないのですが、しかし、それでは実際にこの映画がどういう作品なのかまったく伝わらなくなってしまうからです。アメリカで興行が苦戦したのにはそういう事情もあったことでしょう。といって、社会風刺コメディのように宣伝すると、それはそれでちょっと違う気もするし、「アメリカ人ってアホだよね！　そこが可愛いとも言うけど」などという宣伝を行うわけにもいかないでしょう。映画を鑑賞してから予告編やチラシを見直すと、このヘンテコリンな映画をどうやって売り込んだらいいか、宣伝の人たちが（アメリカでも日本でも）悩んだだろうことがよく分かります。

おっと、大事なことを忘れていました。『ダウンサイズ』の後半で、マット・デイモンはクリストフ・ヴァルツらに連れられて、「世界最初のミニミニ・コミュニティ」があるノルウェーに船で渡ります。そこにはミニミニ技術を開発した老科学者を中心に、計画のごく初期にミニミニ化された人たちが、牧歌的というかヒッピー的なコミューンを作って暮らしているのですが、この場面が、まんま「バーニングマン（毎年、ネバダ州の砂漠で開催されるアート・イベント）」をおちょくった感じになっているのには驚かされました。「自分探し」にやってきた新参者（マット・デイモン）が、牧歌的なコミューンにたちまちノックアウトされてしまい、変なポンチョみたいな服をもらって嬉しそうに着て、「仲間たち」と一緒にチャカポコ太鼓を叩き始めたりするところは、そういう意味で抱腹絶倒です（「バーニングマン」も「自分探し」するつもりで行くと失敗することが多いと思います。「いかに自分で楽しむか」ということが分かっていないとダメなので、この映画のマット・デイモンのような感じはまずいんです）。ただ、これを理解してもらうためには、まず「バーニングマン」とは何ぞや、という説明から入らなくてはならず、それも到底ひと言でまとめきれるようなものではないので結構大変です。「計画の初期メンバーがコアなグループを形成していて……」という部分についても「バーニングマン」との比較で語りたい気持ちもありますが、本作はそういうシーンであっても「元ネタ分かって！」という押しつけがましさに陥ることなく、普通に見て笑える場面にしているところが親切でもあり、クールでもあると思います。

究極の「ツリーハウス」映画はイウォーク村の原型?

南海漂流（スイスファミリーロビンソン）

1960年／米／監督ケン・アナキン／出演：ジョン・ミルズ、ドロシー・マクガイア、ジェームズ・マッカーサーほか

記憶違いというのは恐ろしいものです。今回、ディズニーの名作アドベンチャー映画『スイスファミリーロビンソン』をご紹介しようと思って、数十年ぶりに見返してみたんですが、ぼくが『スイスファミリーロビンソン』だと思っていた場面のほとんどが、実際は別のアドベンチャー映画『難破船』（In Search Of The Castaways／1963年）のものだったことが判明しました。『スイスファミリーロビンソン』と同じくディズニーが製作した『難破船』はジュール・ヴェルヌ原作のスペクタクル映画で、火山が噴火したり大地震が起きたり氷の大洞窟が出てきたりと派手な特撮が楽しめる作品で、芸術的なマット・ペインティングの数々にもうっとりさ

せられます。

「マット・ペインティング」というのは実際には存在しない風景をリアルに描いた絵のことです。その絵の中に、別に撮影した実写の映像を合成することで現実には不可能な壮大な景色や異世界の情景を映像化することが可能になります。かつてのディズニーの実写作品にはマット・ペインティングを活用したものが数多くありました。そうした作品のうち、特に有名なのは『メリー・ポピンズ』（1964年）や『ブラックホール』（1979年）などですが、『難破船』は『メリー・ポピンズ』以前にマット・ペインティングをふんだんに使用した作品として重要です。

▶『難破船』のマット・ペイントの数々

そんな『難破船』の劇中、主人公一家が洪水を逃れて巨大な樹の上に避難するという印象的な場面があります。そのインパクトが強烈だったので、やはりツリーハウスが印象的な『スイスファ

『難破船』の
マット・ペイントの数々

ミリーロビンソン』と混同してしまったのです。

『スイスファミリーロビンソン』は、『南部の唄』（1946年）、『コルドロン』（1985年）と並んで、ぼくが勝手に選んだ「ディズニーランドでアトラクションが人気なのにもかかわらず、来園者の多くがたぶん観ていない映画」の1本です。って、実際はそんなこともないのかもしれないので――ぼくはVHS版しか持っていなかったので、日本ではDVDが出ていないのかと思っていたのですが、調べてみたら2007年くらいに国内でもDVDが発売されていました。また、アメリカで『スイスファミリーロビンソン』は今なお高い人気を誇っています――印象だけで適当なことを言わないように気をつけないといけませんね。なお、今挙げた映画はそれぞれ以下のように東京ディズニーランドのアトラクションと対応しています。

・『スイスファミリーロビンソン』↓「スイスファミリー・ツリーハウス」
・『南部の唄』↓「スプラッシュ・マウンテン」
・『コルドロン』↓「シンデレラ城ミステリー・ツアー」
（残念なことに「シンデレラ城ミステリー・ツアー」は2006年にクローズしてしまいました。また、『南部の唄』が人種差別的であるという指摘を受けて「スプラッシュ・マウンテン」も今後モチーフを『プリンセスと魔法のキス』に変更するということです）

『スイスファミリーロビンソン』がどんな映画かというと、まあ題名で大体お分かりかとも思いますが、要はスイス人の一家が南洋で遭難してさまざまな危機に立ち向かうというお話です。原作の小説は『スイスのロビンソン』という題名で邦訳も出ています。原作を書いたのはヨハン・ダビット・ウィースというスイス人の牧師で、彼はもともと自分の子供たちに「キリスト教に基づく道徳」を教えるためにこのお話を考えついたということですが、それはジャン・ジャック・ルソーに影響を受けてのことでした——と聞くと「ゲッ、何やら説教臭そう！ついでに堅苦しそう！」と思ってしまうかもしれませんが、ところがディズニーはこの原作をもとに、大変エキサイティングなアドベンチャー映画を作ってしまいました。なぜそんなことが可能になったかというと、ずばり、原作をほとんど無視したからです。

ディズニーが映画化する以前、１９４０年に『スイスファミリーロビンソン』は1回映画化されています。

▶『スイスファミリーロビンソン』1940年版パート1

これを観ていたウォルト・ディズニーは「原作も100年以上愛読されてることだし、これを改めてドーンと映画化してみてはどうだろう」と映画化に向けて動き出します。ところがプロット作りを始めると、原作の「説教臭さ」が足を引っ張りました。

そのためプロットの初稿はボツ。第2稿もボツです。そこにプロデューサーのビル・アンダーソンが助け舟を出しました。

「主人公一家の敵として、海賊軍団を登場させましょう！」

原作には海賊なんて全然出てこないので、これはなかなか思い切ったアイディアでした。しかしそれを聞いたウォルトは「それだ！」と叫び――いや本当にそう叫んだかどうかは分かりませんが、そういう雰囲気だったんじゃないかと思います――かくして辛気臭い原作をほぼ無視する形でディズニー版の『スイスファミリーロビンソン』が製作されることになりました。一説によれば原作の9割近くが打ち捨てられたということです。今の時代だっ

『スイスファミリーロビンソン』1940年版パート1

たら、そこまで自由な脚色にOKが出るかどうか分かりません。原作ものの映画はよく「原作にあったあれが出てこない、これが足りない」と文句を言われがちで、その気持ちがよく分かるケースも多々あるのですが（『ウォッチメン』〈2009年〉など）、『スイスファミリーロビンソン』くらい豪快に原作を切り捨ててしまうのは、それはそれで面白いことだと思います。完成した映画が面白ければ、なお良いです。

『スイスファミリーロビンソン』の舞台は南太平洋の孤島ですが、撮影はカリブ海に浮かぶトバゴの島の1つで行われました。ロケ撮影になったのは、「この映画は絶対にロケで撮るのだ」というウォルトのこだわりでした。まだまだスタジオ撮影が映画の主流だった時代に、これはかなり思い切った試みでした。ロケーションで撮影するために撮影隊は半年がかりで道路を敷設し、何百トンという機材を搬入し、駐車場を造り、さらに映画の中心となる巨大なツリーハウスを建造し、さまざまな動物500頭以上を世界中から集めてくる必要がありました。巨大なアナコンダ、虎、象……『スイスファミリーロビンソン』の魅力の1つは空想的でイマジネーション豊かな「南洋の島」の雰囲気なのですが、世界各地から集められたエキゾチックな動物もその雰囲気づくりにおおいに貢献しています。この映画の「空想上にしか存在しないエキゾチックな土地」への憧れはディズニーランドの「ジャングル・クルーズ」とも通底する感覚で、その背後にあるのは植民地主義時代の白人のメンタリティです。

多くのディズニー映画同様、『スイスファミリーロビンソン』もプロダクション・スケッチが先に描かれ、そのイメージを具現化する形で製作が進められました。どのくらいプロダクション・スケッチに忠実に映像化されたのか、ツリーハウスのスケッチと完成したセットを比べてみるとよく分かります。

▶『スイスファミリーロビンソン』予告編

▶ツリーハウスのプロダクション・スケッチ

▶『スイスファミリーロビンソン』メイキング

ウォルト・ディズニーはこのツリーハウスについて、「子供た

『スイスファミリーロビンソン』予告編

ツリーハウスのプロダクション・スケッチ

『スイスファミリーロビンソン』メイキング

ちはみんな『ツリーハウスに住みたい』と夢見るものだけど、この映画は究極の〈ツリーハウス〉映画なんだ！」と言っています。ひょっとすると『スイスファミリーロビンソン』が日本であまりポピュラーでない理由もここにあるのかもしれません。

ツリーハウスはアメリカの子供たちにとっては身近な存在で（まあ、住んでいる土地にもよるでしょうが）、コミックや映画にも「秘密基地」あるいは「隠れ家」としてのツリーハウスがしばしば登場します。ぱっと思いつくところでも『ヘレディタリー／継承』（２０１８年）……はあまり良い例とは言えないか、ドラマ版の『クリープショー』（２０１９年〜）にはツリーハウスごと子供たちが焼き殺される話がありましたが、ええと、『スタンド・バイ・ミー』（１９８６年）や『シザーハンズ』（１９９０年）、『ドラキュリアン』（１９８７年）、古いところでは『アラバマ物語』（１９６２年）などにもツリーハウスが登場します。

アメリカで『スイスファミリーロビンソン』は１９６０年最大のヒット作でした。『サイコ』や『甘い生活』や『アラモ』を抑えて大差でのナンバーワン・ヒットです（同じ年には『スパルタカス』も公開されていますが、興行収入ランキングでは18位でした。一方、ロジャー・コーマンの超低予算映画『リトルショップ・オブ・ホラーズ』が23位、見世物映画監督ウィリアム・キャッスルの『13ゴースト』が26位と健闘しているのは頼もしい感じです）。

日本では『スイスファミリーロビンソン』は翌1961年に公開されましたが、その年のベスト10入りも果たせませんでした。その理由を一概にツリーハウス文化の有無に求めるわけにはいきませんが、娯楽映画が多分に観客の「憧れ」を反映するものであることを考えると、「ツリーハウスへの憧れ」がそもそも希薄な日本においては『スイスファミリーロビンソン』の魅力が伝わりきらなかったきらいはあると思います。

映画のクライマックスで、ロビンソン一家は早川雪洲率いる海賊軍団の襲撃を受けます。この襲撃は予期されたものだったので、一家はそれに備えて準備をしていました。ツリーハウスから少し離れた高台に陣地をつくり、周囲にいろんな罠を仕掛けていたのです。小川にかけた橋はすぐに落とせるようになっていました。

大きな落とし穴もあります。その中には獰猛な虎が待ち構えています（この虎の場面はちょっと『イルザ／アラブ女収容所・悪魔のハーレム』〈1976年〉を思わせます。どっちも落とし穴の中に虎がいて人間を襲うというだけですが、とはいえ落とし穴の中で虎が人間を襲う映画はそれほど多くはないと思います）。

地面には爆薬も仕掛けてあって、遠くから導火線を使って発破することができます。他にも自動式のボウガン、手投げ式のココナツ爆弾、足を引っかけて吊るし上げるブービー・トラップもあったりと、ほとんど『ランボー』状態の戦いが繰り広げられるわけですが、『スイスファミリーロビンソン』はディズニーのファミリー映画なので、そういう場面でも愉快な音楽がずっと流れていて、とてもヘンテコな気分になります。

この怒涛のクライマックスシーンはとても残酷です。人体がバラバラになったり血が流れたりするようなわけではないんですが、起きていることは普通に考えて残酷そのものなんです。ちょっと『トムとジェリー』やテックス・エイヴリーのカートゥーンにおける残酷表現を思わせる感覚と言ったらいいでしょうか。カートゥーンにおけるマンガ的なバイオレンス表現を実際の人間で再現するとおそろしく残酷なことになる、というのは『ロジャー・ラビット』〈1988年〉やスペイン映画『モルタデロとフィレモン』〈2003年〉を観るとよく分かります。『モルタデロとフィレモン』はCGを使って実写の人間を「カートゥーン化」した映画ですが、とんでもなくグロテスクなことになっていて面白いです。

ロビンソン一家の武器はそれだけではありません。彼らは高台の頂上に丸太を大量に積み上げて、紐を引っ張るとその丸太が一斉に転がり落ちる仕掛けも作っていました。

……と、ここでぴんと来られた方もいると思いますが、「高台に丸太を積んでおいて、それを転がして敵を倒す」といえば……そう、イウォークです！

▶高台に積んでいた丸太で帝国軍のAT-STをやっつける、勇敢なイウォーク族

『スター・ウォーズ／ジェダイの復讐』クライマックスの地上戦が『スイスファミリーロビンソン』から多大な影響を受けている、ということは以前から指摘されていますが、この「丸太転がし」を見ればその関係性は一目瞭然です。それに、イウォークが住んでいる村（「ブライト・ツリー・ヴィレッジ」といいます）も一種の「究極のツリーハウス」でした。

『スイスファミリーロビンソン』の監督はケン・アナキン。『史上最大の作戦』（1962年）や『ロビン・フッド』（1952年）、『バルジ大作戦』（1965年）、『パイレーツ・ムービー』（1982年）などで知られる名匠ですが、いっとき「アナ

勇敢な
イウォーク族

キン・スカイウォーカー」の名前がケン・アナキンからとられたのではないか、という説がまことしやかに囁かれたことがあります。彼は戦争映画も剣戟映画も撮っていますから、いかにも『スター・ウォーズ』の人物名の元ネタになりそうな感じなのですが、２００９年にケン・アナキンが亡くなるとルーカスフィルムのパブリシストがこの説を（公式に）否定してしまいました。とはいえ、ぼくはやっぱりアナキン・スカイウォーカーの名前の元ネタがケン・アナキンであってくれた方が嬉しいです。

今後皆さんが東京ディズニーランドに行かれることがあったら、ぜひ「スイスファミリー・ツリーハウス」に足を運んで、「ああ、これがイウォーク村の原型だったのか……」と感じてもらえたら嬉しいです。おっとしまった、本当は『スイスファミリーロビンソン』の「てきとうな南洋感」が実はモンド的であり、ヤコペッティやウンベルト・レンツィの映画の「植民地感覚」とも通底するものである、というお話もしたかったのですが、だいぶ長くなってしまったので、いずれまた別の機会に。

『悪魔のいけにえ』の元ネタ?

デビルズ・トラップ／密室ホテル女子学生の恐怖

1972年／米／監督：バッド・タウンゼント／出演：リンダ・ギレン、ジョン・ニールソン、アーサー・スペースほか

レジーナちゃんはキャピキャピの女子大生。おっと「キャピキャピ」はとっくに死語ですね。「明るく元気でキャッキャキャしてる」という意味で、太古、景気の良かった時代の日本で使われていた言葉です。

学期が終わって、さあ今日から夏休み！　でもレジーナちゃんには、夏休みの予定は特にありません。懐具合も寂しいレジーナちゃんですが、でも気にしなーい！　と明るくアパートに帰ってきたところに1本の電話がかかってきます。

「当選おめでとうございます！」

えっ何、旅行が当たっちゃったの？　やったあ！　嬉しい！　キャピ！　と、大喜びするレジーナちゃん。でもそんな懸賞に応募した覚えないんですけど！　しかし、当たったものは当たったものですから、もらわないと損よね！　キャピ！　レジーナちゃんはいそいそと旅行の準備を始めます。電話の相手が「もう今日出発です。今タクシーをそっちに向かわせたところです！」とせっつくからです。

先にお断りしておきますが、ぼくはレジーナちゃんが阿呆だということを表現するために「キャピキャピ」という表現を使っているわけではありません。若さいっぱい！　楽しさいっぱい！　という彼女のキャラクターを表現するのに「キャピキャピ」ほどしっくり来る言葉が他にないのでそう書いています。日々を楽しく過ごし、あまりクヨクヨと悩まない性格は美点でこそあれ、欠点ではありません。きちんと悩む能力もないのに悩んだふりをしているような人間より、元気にキャピキャピしている人の方がずっとましです。これは性別を問わずそうです。

レジーナちゃんはさっそく「応募してもいない懸賞に当たったの！　みんな聞いて！」と、アパートの同じ階に住む友だちの部屋をノックして回りますが、夏休みが始まったこともあり、みんな留守です。仕方ないのでレジーナちゃんは、アパート中央の巨大な吹き抜けに向かって大声で叫びます。

「あたし！　懸賞が！　当たっちゃった〜!!」

この「当たっちゃった〜!!」の引き画はとてもカッコいいというか、いきなり予想もしないロングショットになるので大変よろしい。映画を観ていて、急に変な画が出てくると毎回「うわ、なんじゃこりゃ」と嬉しい気持ちになるものですが、『デビルズ・トラップ』のこの場面にも観ていてウキウキしてくるような、喜びに満ちた意外性がありました。レジーナちゃんが巨大なアパートで独りぼっちなのにもかかわらず、本人は超アガッている、という切なさもあってとても良いシーンだと思います。『ヘンテコ映画レビュー』では、なるべくこういう「あれっ」と思うような場面を積極的に讃えたいと思っております。だって面白いんだもの。

迎えにきたタクシーからチャーター機に乗り継いで（！）レジーナちゃんはどっかの田舎の空港に到着します。

迎えにきていたのは通称「ベイビー・ジョン」という、一見ハンサムだけど、ちょっと頭《オツム》が弱い感じの男でした。

レジーナちゃんは人を第一印象でジャッジしたりしない気立ての良い子ですから、素直にベイビー・ジョンの運転する車に乗り込みます。しかしベイビー・ジョンと2人では、会話がなかなか続きません。車内の空気が微妙に気まずくなったそのとき、ベイビー・ジョンがやおら「猛スピードでドライブするのは好きかい？」と聞くなりアクセルを全開にするではありませんか。2人を乗せた車はとんでもないスピードで走っていきます。それでもレジーナちゃんはニコニコしています。本当にいい子です。

するとスピード違反に気づいたパトカーが赤色灯を光らせて追ってきました。でもベイビー・ジョンの運転の腕前もなかなか大したもので、しばらくチェイスした末にパトカーをうまく撒いてしまいました（ベイビー・ジョンが運転しているのは世界で一番ダサい車として知られる、車体の横が木目調になっているステーション・ワゴンなのですが、なぜそんな車がそこまでのスピードを出せたのかは不明です）。


そうこうするうちに車がホテルに到着しました。大きなお屋敷のような佇まいのホテルで、名前は「レッド・ウルフ・イン」といいます。

ホテルのオーナーはエヴリンという、パッと見る限り品の良さそうなばあさんと、その旦那のヘンリーです。この2人はベイビー・ジョンの祖父母でもあります。エヴリンを演じたメアリー・ジャクソンという女優さんは『エクソシスト3』（1990年）で病院の天井を這いずり回る老婆を演じた人です。

「レッド・ウルフ・イン」にはレジーナちゃん以外に2人の先客がいました。

「あたし、モデルなの」と出会い頭にマウントを取りにきたパメラ嬢と、ヒッピーになって大学をドロップアウトしたアフリカ系のエドウィナちゃんです。どちらもレジーナちゃんと同様「懸賞に当たって」このホテルに来たということです。彼女たちの話によれば、「レッド・ウルフ・イン」は、かつてのリゾート地という触れ込みにもかかわらず、実際は近所に浜辺があるだけで、特段面白い場所ではないそうです。ただ、エヴリンばあさんが腕によりをかけて作る料理だけは超おいしいとのことで、何やら不穏な感じがしないでもないのですが、レジーナちゃんは「へえー、そうなんだ！」と、あまり気にしません。

その晩はパメラ嬢の滞在最終日ということで、さっそく豪華なディナーが始まります。『悪魔のいけにえ』（1974年）や『ロッキー・ホラー・ショー』（1975年）を例に出すまでもなく、ホラー映画で「よその家でディナーをごちそうになる」と大概ろくなことがないし「おいしい料理」には常に警戒する必要があるんですが、『デビルズ・トラップ』のディナー場面はそんな「ホラー映画内のよその家のディナー場面」の中でも特筆に値する長さを誇ります。どういうことかというと、豪華な肉が出てくる→レジーナちゃんが食べる→ばあさんが食べる→じいさんが食べる→パメラ嬢が食べる→エドウィナちゃんが食べる→レジーナちゃんが食べる……の無限ループで、いつまで経ってもメシが終わらないのです。

おっと、大事なことを言い忘れていました。食事の少し前、レジーナちゃんはホテルのキッチンにどでかいロックされた扉があるのに気づきます。ばあさんに聞くと「歩いて入れる冷蔵庫（ウォーク・イン・リフリジレイター）」だと言うのですが、中を覗こうとしたら「さあさ、そんなことよりこのお肉を食卓まで運んでちょうだい」と頼まれてしまい、素直なレジーナちゃんはすぐにお手伝いを始めたため、冷蔵庫の中身は謎のままなのです。

その晩、レジーナちゃんは奇妙な夢を見ました。夢の中でレジーナちゃんは浜辺で巨大なケーキをむさぼり食ったり、またベッドにベイビー・ジョンがやってきたりします。お腹がいっぱいだということと、レジーナちゃんがベイビー・ジョンをまんざらでもないと思っていることを表現した夢なのだろうと思います（他に解釈のしようもないし……）。

翌日、レジーナちゃんはベイビー・ジョンの釣りに付き合って浜辺に来ていました。と、そこにエヴリンばあさんがやってきます。そして、昨日の晩に食べすぎてまだお腹がパンパンのレジーナちゃんに「若いんだからドンドン食べないとダメでしょ！」と、何の肉だか判然としないヒレステーキサンドがどっさり載ったお皿を強引に押しつけると、「じゃあ、ここからは若い人たちだけで」と、わけの分からないことを言ってホテルへと帰ってしまいます。そのせいでレジーナちゃんとベイビー・ジョンはなんだか気まずい感じになってしまい、ぎこちなく近づいてみたり、ぎこちなく離れてみたり、を幾度か繰り返したのちにようやくキスをします。『デビルズ・トラップ』の特徴の1つが「なんでもしつこく繰り返す」ことにあるのは間違いないようです。

2人がキスしていると、横に立てておいた釣り竿のリールがぐるぐると動き始めました。かかっていたのは小型のサメです。するとベイビー・ジョンが何を血迷ったのか、そのサメを掴んで地面にバンバンと叩きつけ始めました。

「サメめ！　このサメ野郎！　サメめ！　サメめ！」

さらにベイビー・ジョンは息も絶え絶えのサメの顔面にパンチを食らわせると、レジーナちゃんの方を振り向いてこう言うのです。

「君のこと、好きだよ」

そんなバカな、と思われるかもしれませんが本当にそういう映画なんです。このシーンにも本当に意表を突かれました。「意外性」という言葉が物足りなく思えてくるほどの、こういう場面には感動せざるを得ません。やはり映画たるもの、突然誰かがサメをバンバン地面に叩きつけたり、サメの顔面をぶん殴ってから愛の告白をするくらいでないといけません。それにしても、こんなシーンを演出するにあたって、監督がどんな風に俳優に説明したのかが気になります。って、おそらく普通に「じゃ、この場面では『サメめ！　サメめ！』と言いながらサメを地面にバンバン叩きつけてください」と伝えたんだと思いますが、途中でカメラ位置も変わったりしていますから、役者の人は何度も何度もサメを叩きつけなくてはいけなかったはずです。よく納得してくれたものです。いずれにせよ、そこで疑問を抱かずにサメをバンバンやってくれたおかげでこんな面白い場面が完成したわけで、この場を借りて気の毒なサメとベイビー・ジョンにお礼を言いたいと思います。素敵なシーンをありがとう。

その晩はヒッピー娘エドウィナちゃんの送別会です。このホテル、レジーナちゃんが到着して以来、毎晩送別会しかやっていません。そしてまたまた供される豪華な肉料理。ホラー映画におけるディナー場面の危険性については先述したとおりですが、そういうディナー場面は普通1本の映画に1回です。この映画にはディナー場面が合計3回あるわけで、「おかしなディナー場面のある映画」を単に回数でランク付けしたら最上位に来ること間違いなしです。

エドウィナちゃんの送別会では、これまで影の薄かったじいさんがかくし芸を披露して場を盛り上げます。かくし芸というのはシェイクスピアの暗誦やダンスや歌などです。じいさんを演じたアーサー・スペースは１９４０年代のアボット＆コステロ映画にも出演しているベテランで、テレビドラマ版の『名犬ラッシー』や『翼よ！あれが巴里の灯だ』（１９５７年）、ジハリーハウゼンの『地球へ２千万マイル』（１９５７年）や、殺人蜂映画『スウォーム』（１９７８年）などに出演しています。

ディナーのあと、寝る前にちょっと話し込んだりしたこともあって、レジーナちゃんとエドウィナちゃんは少し仲良くなります。それでホッコリしたのもつかの間、案の定、夜中にエドウィナちゃんは狂った一家に昏睡状態にさせられて、恐怖の冷蔵庫へと運び込まれてしまいました。

翌朝、エドウィナちゃんの姿が見えないことに気づいたレジーナちゃんは、ばあさんの見え透いた嘘（「あら、あの子は朝早く出発したのよ〜」）を信じることができず、手がかりを求めてホテル中を捜して回ります。やがて、くだんの巨大冷蔵庫へと足を踏み入れたレジーナちゃんが目にしたのは、なんとパメラ嬢とエドウィナちゃんの生首だったのです。ガーン！

▶ ガーン

ところで、生首がゴロンと2つ冷蔵庫に並んでいる場面という

ガーン

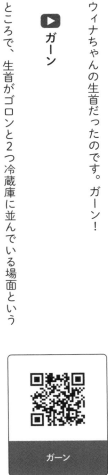

と誰もが『食人大統領アミン』（1981年）を想起すると思いますが、当然のことながら『デビルズ・トラップ』の方が年代的に先行しています。『食人大統領アミン』の冷蔵庫生首は、以前に中原昌也氏が「あの場面は生首よりも、その横に置いてある納豆みたいな豆が気になって仕方がない！」と言っていたのを聞いて以来、「納豆」にばかり注目してしまうのですが、その後再確認したところ納豆ではなく冷凍のグリンピースだということが分かりました。それなら、冷蔵庫に生首と一緒に入っていたとしても納得です。

『食人大統領アミン』の冷蔵庫生首場面

生首を見てしまったレジーナちゃんは逃げるが勝ち、とばかりにホテルを出ると（賢明な判断だと思います）、なぜか沖合に停泊していた無人のモーターボート目指して泳ぎ始めます。そしてモーターボートに乗り込むと、ちょっとだけ進んだ先の岸でボー

『食人大統領アミン』の
冷蔵庫生首場面

トを下りました。なぜかというと、海岸沿いに建っているホテルから隣家まではそれなりの距離があるため、ボートでも使わないと移動が大変ということ……なんだと思います。

「助けて！　助けて！」

レジーナちゃんはドアを叩きますが、答えはありません。そんなレジーナちゃんにベイビー・ジョンが迫りつつありました。あとを追ってきたのです。

レジーナちゃんはさらに走って、ようやくのことで街道にたどり着きます。と、そこに通りかかった小型トラックが止まってくれました。

助かった！

違った！

トラックに乗っていたのは、ホテルのばあさんとじいさんだったのです！　残念！

この、ホテルを出てからトラックに出会うまでの一連のシークエンスは『悪魔のいけにえ』を彷彿とさせるものです。いや、そもそも殺人一家の家で変なディナーに付き合わされるところといい、一家の家族構成といい、さらにカニバリズム要素があるところも含め、『悪魔のいけにえ』（1974年）と『デビルズ・トラップ』（1972年）には共通点が多くあるのですが、『デビルズ・トラップ』が先行しているという点は重要です。似たような場面のある映画は『悪魔のいけにえ』以降たくさん作られましたが、『いけにえ』があまりにも衝撃的な作品であるため、その後エピゴーネンが大量に作られたことに別段不思議はありません。しかし『デビルズ・トラップ』は『いけにえ』以前の作品なので、もしかするとトビー・フーパーがこの映画を観ていた可能性だってあるかもしれません。『いけにえ』も『デビルズ・トラップ』も「青ひげ」伝説で知られる「〈開かずの間〉の恐怖」作品なので、単なる偶然の一致なのかもしれませんが、そこには興味深い類似性があるとぼくは思います。『悪魔のいけにえ』がなぜあれほど恐ろしく、『デビルズ・トラップ』がどうして全然怖くないのか、ということを分析してみる価値だってありそうです。いくら同じ要素があっても、映画の出来がここまで違ってしまうものなのか……というのは映画製作者にとっても映画批評家にとっても永遠のテーマの1つだからです。それでも『デビルズ・トラップ』は、ヘンテコで愛すべき映画であることに変わりはないのですが。

その後はまあいろいろあって、と、終盤に来てからお話を端折るのもどうかと思いますが、いろいろあった末、レジーナちゃんはばあさんとじいさんに追い詰められてしまいます。彼女の顔面に刃物が振り下ろされて、うわー、死んじゃった！　と思ったら、わりとそうでもなかった！　という驚天動地のオチがついて映画は終わります。いや、これではちょっと不親切なので、1972年の映画ということもあるしオチも書いてしまいますと、画面を見ている限り、確実にレジーナちゃんが死んだように見えたのですが、実は勝ったのはレジーナちゃんで、彼女はその後ベイビー・ジョンと一緒に、いまや2人のものとなった「レッド・ウルフ・イン」で仲睦まじく幸せに暮らしましたとさ、というお話でした。そして、例の冷蔵庫にはばあさんとじいさんの生首が仲良く並んでいたのでした……と思ったらじいさんの生首がウインク！　これで本当のおしまい。

▶ じいさんの生首ウインク

じいさんのウインクのあとは、フリーズフレームになってクレジットがせり上がってくるのですが、それがホテルのレストランのメニューを模したものになっているところも気が利いています。役者名もいちいち「メイン・コース」とか「サイド・ディッシュ」とか分けてあったりして、最後まで観客を楽しませようと

じいさんの
生首ウインク

しているところには本当に好感が持てます。

最後になりましたが、レジーナちゃんを演じたリンダ・ギレンさんはリドリー・スコットの『ブラック・レイン』（1989年）にも出演しています。ペギーという役名ですが、どこに映っているかは秘密にしておきます。今度『ブラック・レイン』を観る機会があったら、是非『デビルズ・トラップ』のレジーナちゃんがどこに出ているのか、探してみるのもまた一興だと思います。

THE RESURRECTED

ヘルハザード／禁断の黙示録

原作小説と映画のイメージ乖離問題

1991年／米／監督：ダン・オバノン／出演：クリス・サランドン、ジョン・テリー、ジェーン・シベットほか

H・P・ラヴクラフトの作品、いわゆる「クトゥルフ神話」は日本でも人気が高く、人気作品『インスマウスの影』が佐野史郎主演でドラマ化されたりしたこともありました（ドラマ版の題名は『インスマスを覆う影』といいます）。

これ、今見直したらどうなのか分からないですが、当時テレビで観たときには大変がっかりした記憶があります。「インスマス」を「陰洲升」と書けば日本の田舎の話にできるじゃん！という発想がどうにも安易に思えたのもあるし、また肝心かなめの「魚のような顔をした人」

の映像化がこんなだったことにも落胆させられました。

▶ こんなだった

この照明……いや、ぼくは『クリープショー』（1982年）とか『サスペリア』（1977年）みたいに原色がガンガン当たった照明は大好物なんですが、いくらなんでも普通に道端で撮影してて、この人だけに緑の照明がこんな風に当たっているのを良しとするわけにはいきません。いくらなんでも無理がありすぎる。特殊メイクはそんなに悪くないと思いますが、「魚っぽい」というよりはモンスターっぽく見えるのも問題。というか、実際問題として「魚のような顔をした人」というものを、無理のない形で映像化することが果たして可能なのか？　という疑問は残ります。これはあとでまた話に出ますが、ラヴクラフト作品の映像化がたいていうまくいかないことの理由の一端はそこにあるんじゃないかと睨んでいます。

こんなだった

今回ご紹介する『ヘルハザード／禁断の黙示録』は、ラヴクラフトの長編小説『チャールズ・ウォードの奇怪な事件』をダン・オバノン監督が映画化したものです（アメリカではビデオスルー）。『チャールズ・ウォードの奇怪な事件』は何度か映像化されていて、ロジャー・コーマン監督、ヴィンセント・プライス主演の『怪談呪いの霊魂』〈1965年〉とか、あと、『ZOMBIO／死霊のしたたり』〈1985年〉や『フロム・ビヨンド』〈1986年〉などでラヴクラフトもの映画に新境地を開き、かつ一定の成功を収めたスチュアート・ゴードン監督も2001年に『ダゴン DAGON』という題名で『チャールズ・ウォードの奇怪な事件』の翻案を映画化しています。スチュアート・ゴードンは前にメールマガジンでも触れたことのある『スペース・トラッカー』〈1997年〉の監督でもあり、また巨大ロボット激突映画の嚆矢にして最高峰（と、言いたい）『ロボ・ジョックス』〈1990年〉も彼の作品。『死霊のしたたり』や『フロム・ビヨンド』や『ロボ・ジョックス』は、80年代にB級SF・ホラーを連発した映画会社「エンパイア・ピクチャーズ」の作品ですが、この「エンパイア・ピクチャーズ」興亡史というのもなかなかに興味深いので、いずれご紹介できればと思っています。スチュアート・ゴードンはラヴクラフトものの他にもエドガー・アラン・ポー原作の映画を撮ったり（『ペンデュラム／悪魔のふりこ』〈1991年〉）、『死霊のしたたり』や『フロム・ビヨンド』の人気ホラー俳優ジェフリー・コムズを主演にしたポーの伝記の舞台化を手がけたり（『Nevermore...An Evening With Edgar Allan Poe』）と、楽しい仕事を沢山している愉快なおじさんなのですが、こういう人がなかなかハリウッドで成功できないのは辛いところです。

『ヘルハザード』の監督ダン・オバノンもそういう意味ではスチュアート・ゴードンと似たところがあって、いや、ダン・オバノンの方がずっとメジャーな仕事をしているのですが（『エイリアン』の脚本とか、『トータル・リコール』〈1990年〉の脚本とか）、この人もなんだかんだで運に恵まれないまま、2009年に63歳の若さで亡くなっています。ダン・オバノンについては、それこそジョン・カーペンターと組んで放ったデビュー作『ダーク・スター』（1974年）から、『スター・ウォーズ』1作目（1977年）でいろんなレーダー類のデザインを担当した話、『ブルーサンダー』（1983年）に『スペースバンパイア』（1985年）に『スクリーマーズ』（1996年）（どれも脚本担当）、それにもちろん『バタリアン』（1985年）（これは監督作です）と、話を始めたらきりがないので、そうそう、ダン・オバノンはホドロフスキーの『デューン』に参加するため家財道具を売り払ってパリに移住したものの映画が実現せず、お金ももらえず、1年後にはホームレス同然になっていたというまったくもって気の毒な話もあるんですが、このあたりの経緯はドキュメンタリー映画『ホドロフスキーのＤＵＮＥ』（２０１３年）でも描かれていました。ちなみにホドロフスキーの『デューン』のために集められたスタッフにはオバノンの他にクリス・フォスやＨ・Ｒ・ギーガーなどのアーティストがいて、そこで面識があったので『エイリアン』のときにオバノンがリドリー・スコット監督にギーガーの作品を紹介したという経緯があります。つまりダン・オバノンがいなければ、映画の「エイリアン」は誕生していなかったかもしれないわけですから、そう考えるとオバノンの功績はクレジットされている内容（脚本とか原案とか）を超えてはるかに巨大なのですが、そんなオバノンがなかなか思うように作品づくりができず、常に葛藤を強いられた人生を送ったことは気の毒でなりません。自分で監督した『バタリアン』は確かにヒット作で、今や不動のカルト人気を博していますが、これも製作当時は低予算に苦しめられ、もともとオバノンが考えていたビジョンよりは、かなりスケールの小さなものになってしまったということです（『バタリアン』はウィリアム・スタウトが描いたデザイン画も素晴らしいのですが、映画ではその一部しか実現できませんでした）。

▶『バタリアン』のデザイン画の一部

『ヘルハザード』に話を戻すと、お話は現代に置き換えられていますが（原作は１９２７年に発表）、映画はちょっとハードボイルド的な感じで始まります。主人公は私立探偵のジョン・マーチという男です。ある日、彼のところに謎めいた依頼人の美女がやってきます（そうだと思ったでしょう）。違った、一番最初は、精神病院からチャールズ・ウォードという男が謎の失踪を遂げる場面だった。

この映画が面白いのは、「ジョンが回想している話の中に出てきた美女の回想が始まって、その回想の中の人物が読んだ本の内容がさらに映像で出てくる」というように、実に複雑怪奇な入れ子構造になっていることです。それを手際よくさばいているあたり、ダン・オバノンの面目躍如という感じなんですが、探偵のジョンは、謎めいた美女クレアから依頼されて、別居している旦

『バタリアン』の
デザイン画の一部

那（これがチャールズ・ウォード）の動向を探ることになります。チャールズは製薬会社の化学者ということなんですが、アッシュ博士という奇怪な人物と知り合って以来、おかしな研究に没頭、部屋から変な臭いはするわ、別居先の研究室には毎日のように動物の肉だの死体だのが届けられるわ、あげくの果てに死んだ人の遺灰まで取り寄せていたというので警察が動くはめになって、奥さんのクレアとしても一体何がどうなってるのか本当のところが知りたいというのです。

で、ジョンが調査を始めるわけですが、その結果、チャールズ・ウォードがとんでもない錬金術というか黒魔術というか暗黒の秘儀に手を染めていたことを知るわけです。勿体ぶるのもなんだから書いてしまいますが、要はチャールズは2世紀前の先祖の日記をもとに、死体を蘇らせる実験に熱中していたのです。大量の肉と血は、死人を蘇らせるのに必要な材料でした。ただ、この死体蘇生もなかなか一筋縄ではいかない代物で、ちょっとしたタイミングや秘密の薬剤の量が違ったりすると、全身がグズグズに溶けて肋骨が飛び出した「失敗作」になってしまいます。

『ヘルハザード』はそれほどゴアな映画ではありませんが、地下の納骨堂にしつらえられた実験室に体が壊れかけた「失敗作」の人がウーウーと出てくる場面はなかなか趣があってぼくは好きです。『ザ・フライ』（1986年／1958年）で転送に失敗したヒヒの裏表がひっくり返ってしまう場面とか、『エイリアン4』（1997年）のリプリーのクローン失敗作が並んで「うう……殺して……」とか言っている場面も大好きです。「これは取り返しがつかないぞ……」という、ぞっとするような感覚には心ときめくものがあります。それに引き換えスーパーヒーローの人たちは実験に失敗してもだいたいカッコ良くなれるからずるい。と、レッドスカル（映画だとキャプテン・アメリカと同じ超人兵士血清が失敗したという設定でした）も思っているに違いありません。あとアメコミのヒーローにはもともと天才科学者（ハルクとかファンタスティック・フォーとか）、という触れ込みの人も多いですが、みんな実験に失敗してるのでたいして天才じゃないな、と思うのはぼくだけでしょうか。

『ヘルハザード』では、チャールズの地下の実験室に忍び込んだ私立探偵のジョンが、「死体蘇生液」を机の上のよく分からん遺骨だか遺灰だかにかけてみる場面があります。すると、ドロドロしたものがグニュグニュッと凝集したかと思うと、握りこぶしほどのサイズの肉塊がドクンドクンと動き出すんですね。日本語はオノマトペーが豊富なのでこういうとき助かります。『ヘル・レイザー』（1987年）にも骨にドロドロの肉が吸い寄せられていって人体が

（不完全な形で）復活する場面がありましたが、『ヘルハザード』のそれは、人体のどこの部分なのかも判然としない肉塊が動き出すというところに得も言われぬ不気味さがありました。これに近い感覚は、最近ではヴィンチェンゾ・ナタリ監督の『スプライス』（2009年）という映画に登場する、DNAを混合した新種の「生き物」（ナメクジみたいな肉塊です）にもありました。この「生き物」は、遺伝子工学会社の発表会の場面でお互いを食い散らかし合ってしまい、会場大パニック、という愉快な展開になるのですが、「大事な発表会が阿鼻叫喚の地獄絵図になってしまう」というシーンはいつ見てもいいものです。『スキャナーズ』もテレパシーの発表会が頭部爆発で台無しになってしまうところが、なんといっても最高です。

そういう面白いシーンもあり、怪奇ムードも満点の『ヘルハザード』ではありますが、先にも書いたようにアメリカ本国ではビデオスルーという結果に終わりました。というか、「怪奇ムード満点」なのは、まさにラヴクラフトの小説の感覚をうまく映像に置き換えることに成功した、ということでもあるのですが、ここにちょっとした落とし穴があるのではないか、とぼくは考えています。

ラヴクラフトの作品を原作に、あるいはモチーフにした映画は沢山ありますが、マニアの間で人気の高い『死霊のしたたり』と『フロム・ビヨンド』を別にして、これだ！　という決定的な作品はいまだ出ていないように思います。おそらくラヴクラフト関連で最も成功したフランチャイズはサム・ライミの『死霊のはらわた』シリーズではないかと思いますが（魔道書「ネクロノミコン」も出てくることだし）、といって『死霊のはらわた』を「ラヴクラフトもの」と言い切ってしまうのはさすがに無理がある。

実はぼくが一番気に入っている「ラヴクラフトもの」はその名も『ＳＦＸハードボイルド／ラブクラフト』（１９９１年）というのですが、これは「魔術が支配する１９４８年ハリウッド」をケレン味たっぷりに描いた異色作です。みんなが魔術を使っている時代（警察署でも犯人を降霊術で捜したりしている）に、魔術嫌いの主人公、私立探偵のラブクラフトが依頼を受けて「ネクロノミコン」を探すはめになるのですが、その背後には古代の邪神を召喚せんとする巨大な陰謀が待ち受けていた……というのがストーリーです。が、この映画はとにかくディテールが楽しい。たとえば当時「ハリウッドランド」という新興住宅地が開発されていたのですが（有名な「ハリウッド・サイン」はもともとこの住宅地の宣伝のために建てられたものでした）、その建築現場で働かされているのが全部ハイチのブードゥー・ゾンビだったり、主人公が金持ちの依頼人の屋敷を訪ねていくと、裏庭では一人娘がユニコーンにまたがっていたり

（ユニコーンに触れるのは処女だけなのですが、これが物語の伏線になっていたりもします）と、ニヤリとさせられるディテールが『ラブクラフト』には詰まっています。余談になりますが「ハリウッドランド」から「ランド」の文字がなくなったのは１９４９年のことですが、その背景にはこのサインから身投げをして自殺する人が後を絶たなかったことがあると言われています。「HOLLYWOODLAND」は13文字なので、最後のDの字、一番縁起の悪い13文字目から身投げをする人（多くはハリウッドで夢破れた女優志望者）が多くいたという話です。『ＳＦＸハードボイルド／ラブクラフト』には続編もあって、『魔界世紀ハリウッド』〈１９９４年〉というのですが、前作でフレッド・ウォード（『ライトスタッフ』〈１９８３年〉『トレマーズ』〈１９９０年〉など）が演じた主人公ラブクラフトを、続編ではデニス・ホッパーが演じていました。

「ラヴクラフトもの」映画に決定打がない理由はいくつか考えられます。「旧支配者」とか「古き者」と呼ばれる古代の邪神を、説得力のある形で映像化することが難しい（あるいは、難しかった）ということは当然あるでしょう。無数の触手を生やし、コウモリのような翼を持った巨大な邪神の姿はラヴクラフト自身が残したスケッチもあり、一般によく知られていますが、あれをリアリティのある形で映像化することはなかなか難しそうです。『パイレーツ・オブ・カリビアン』の2作目（『デッドマンズ・チェスト』〈2006年〉）を観たとき、あのイカ船長（名前は忘れました）を見て「あっ、これならクトゥルフも映像化できるのでは？」と思ったものですが、ラヴクラフトの邪神はただのモンスターではなく、人間に精神異常を起こさせたり、自身が見る夢が人間世界に影響を及ぼしたりと、これと分かる映像にすることが難しい特徴がいくつもあります。

▶ラヴクラフト自身が書いたクトゥルフ

加えて、ラヴクラフトの小説はそれこそ言い回しや言葉選びの妙から生じる、なんとも陰鬱で不吉な予感に満ちた筆致がトレードマークですが、これを映像に置き換えることがまた難しい。『ヘルハザード』などはそういう意味で原作のテイストをそれなりにうまく映画化していたとは思いますが、「濃厚な雰囲気」だけではエンターテインメント映画として成り立ちにくい。これは

ラヴクラフト自身が
書いたクトゥルフ

ゴシック・ホラーの映画化などでもしばしば見られることですが、確かに雰囲気はばっちり、ただならぬ不吉さが立ち込めている……だけでは、映画としてはどこか物足りない感じになってしまうのです。というか、雰囲気を丁寧に豪華に盛りたてるほど「雰囲気だけ」という感じに見えてしまうというジレンマが発生してしまう。もちろん、健闘している映画はいくつもありますが、映画は数分に1回ショックがなければ成り立たないので（ぼくはそうだと思っています）、ムード重視の小説を映画化するのは原作ファンとの折り合いも含め、なかなか困難がつきまとうのではないかと思います。

ダン・オバノンの『ヘルハザード』はそういう意味で、雰囲気もきっちり押さえつつ、ショック場面もまんべんなく配置してあるのですが……それでもやはり何かが決定的に足りない。そこにはラヴクラフトでもポーでもいいですが、原作を読んだ人が頭の中で想像したことと、映画化作品との間のイメージの乖離の問題もありそうです。『指輪物語』を映像化した『ロード・オブ・ザ・リング』（2001年）があそこまで成功できたのは、トールキンの詳細な記述と、それに基づいてこれまで『指輪物語』世界を画にしてきたアーティストが多く存在し（そのツートップを映画版ではプロダクション・デザインに起用しています）、ビジュアルとしての『指輪物語』について、一定の共通認識が既にあったことが大きい。

ラヴクラフトの小説に関しては「ビジュアル的な共通認識」がそこまで大きくないので、どんな形で映像化しても食い足りなさが残ってしまうのではないかと思いますが、これは『指輪物語』がむしろ特殊な例で、すべての小説の映画化において、この問題は絶えずつきまとうものではないでしょうか。『指輪物語』のビジュアル面での「共通認識」のレベルの高さは、『ロード・オブ・ザ・リング』より前にラルフ・バクシが映画化したアニメ版『指輪物語』（1978年）を観るとよく分かります。言われなければどっちが先か分からないぐらい、そのビジュアルは『ロード・オブ・ザ・リング』と瓜二つだったのです。

虐殺の週末

難解なアート映画と下手っぴな映画の共通点とは……

1979年／米／監督：クロード・プシュキン／出演：クリストファー・オールポート、ジム・ドーア、デヴィッド・ゲイルほか

難解なアート映画と、とんでもなく下手っぴな映画には共通点があります。ここで言いたいのは「我慢してれば終わる」とか「何やら映っているものが動いている」といった、最低限の共通項ではありません。この2つは、まったく褒めるところが見つからない映画を評価するときには便利かもしれませんが、居酒屋談義ならともかく、仕事で受けた原稿にそんなことを書いたらさすがに叱られると思うので、今後もそういう言い回しを使うことはないでしょう。また映画には「どんな映画でも、監督のお母さんだけは絶対に褒めてくれる」という法則もあると言われていますが、それだとお母さんがいない映画監督があまりにも不憫というものです。

それより何より「どんな映画にも1つは必ずいいところはある」というのはまぎれもない事実であり、それがほんのわずかな一部分であったとしても、その映画を作った意味や価値をしっかり担保するものだと思います。

さて、難解なアート映画と下手っぴな映画の共通点ですが、これはもう、何がどうしたのかよく理解できないがゆえに、観ていて「もしかして自分がバカなんじゃないか……」と不安にさせられる、という一点に尽きます。

今回ご紹介する『虐殺の週末』も、何がどうしたのかよく分からない映画で、観ているとどんどん不安になってくること請け合いです。というか、何が起きているか……ということはそれなりに理解できるんですが、出てくる登場人物同士の関係がとても呑み込みづらいのです。一体、こういう映画をどのように紹介したらいいものだろうか、と悩む中、そういえば昔、雑誌『スクリーン』が出したホラー映画のムック『THE HORROR MOVIES』に本作の紹介が載っていたのでは……？　とページをめくってみると、塩田時敏先生がしっかりご紹介しておられました。ちょっと引用してみます。

物語はニューヨークから始まる。離婚したばかりのヒロインが、子供を前の夫にあずけ、現在の恋人や友人たちとウィークエンドを楽しもうと、ニューヨーク北部郊外の別荘にやってくる。この一行の中にホモやオカマがいたりというのも、いかにもニューヨーカーらしい。

さすがにうまくまとめておられます。確かにぼくも「離婚したばかりのヒロインが、現在の恋人や友人たちと田舎に行った」ということは理解できたんですが、「友人たち」というのが曲者で、誰が誰とどういう友人関係にあるのか、よく分からなかったんです。しかし、こういう風に書けば、分からなかった部分に踏み込まずにすむわけで、これがプロのレトリックというものかと膝を打ちました。これは決して嫌味ではなく、本心です。「友人たち」の関係性はこの映画を紹介するに当たって、省いてもまったく問題がないどころか、そうしない限り話を先に進めることすらできないからです。目からウロコが落ちるとはこのことです。

▶『虐殺の週末』予告編

『虐殺の週末』
予告編

もう少し、『THE HORROR MOVIES』から引用を続けます。

むろん、土地の田舎住民たちからはうさん臭い眼を向けられ、かつて刃傷沙汰を起こしたことのある不気味な要注意人物が登場し、かくして一行は奇妙なラバーマスクの殺人鬼に、一人また一人と惨殺され、文字通りSAVAGE（残忍）なウィークエンドを迎えることとなる。

素晴らしい。この紹介文は完璧と言っていいと思います。まさにそういう映画なんです。ぼくが分からなかったのは「土地の田舎住民」と主人公グループの関係性で、本来カップルでなかった人たちが急にセックスをしたり、ヒロインが土地の住民に色目を使ってたしなめられたり（あと牛の乳を搾ったりもします）するのですが、一体誰と誰がそもそもどういう関係にあるんだっけ、ということも含めて混乱してしまい、どのように書いたら内容を伝えられるのか、困り果てていたんです。さらに『THE HORROR MOVIES』には、次のような鋭い指摘もありました。

（前略）この作品の新機軸は、『クレイマー、クレイマー』（1979年）と時を同じくして製作された作品だけに、離婚という問題がかかわってくるあたり、ホラーとしては目新しい。（中略）勘のいい観客ならおわかりのように、殺人鬼は離婚されたヒロインの前夫だ。アメリカの離婚問題はここまで根深いのか。

正直、『虐殺の週末』を紹介するにあたって、これ以上の原稿は望めない、と本当に思います。なので、今回は塩田先生の原稿を引用して終わり、ということにしたいぐらいなんですが、それではあまりにも手抜きが見え見えなので、もうちょっと続けてみます。

ぼくが『虐殺の週末』で「いいな～」と思ったところは、あっ、既に書き出しからしてバカ丸出しですね。小学生の作文じゃないんだから、こんな書き出しではいけません。

この作品で良かったところは、なんといっても音楽です。映画のオープニングは、塩田先生が書いておられる「かつての刃傷沙汰」と、映画のクライマックスで起こる新たな刃傷沙汰を重ね合わせたイメージシーンのようなものなのですが……おっと、このように、ちょっと内容を説明しようとすると、すぐにこの有様です。たぶん今書いた感じで合っているとは思うんですが、書くそばから「本当にそうだったんだろうか……それにしてもよく分からない……」と不安に襲われてしまう、そんな映画なんです。『虐殺の週末』をしっかりと紹介するのは、『去年マリエンバートで』（１９６１年）を紹介するくらい難しいのではないかと思います（ちなみにぼくは『去年マリエンバートで』は「去年、マリエンバートで何があったのかについて、いろんな人が適当に思い出す映画」と説明することにしています）。

さて、この難解なオープニングシーンでは、何やら不吉な音色のバンジョーが鳴り響いていて、それもイカすと思ったんですが、特に感銘を受けたのは若い方のヒロインが（若くない方のヒロインもいるんです。そちらもとても色っぽい人なんですが）レコードをかけて突然ストリップを始める場面です。このシーンでは非常にキャッチーなタンゴ音楽が流れるんですが、それがもう、延々とかかります。合間合間にゴムマスクの犯人がうろついているカットが挟まったりするものの、このタンゴ音楽、若い方のヒロインがレコードをかけ始めてから、ゲイと思しき登場人物が殺されるまで、なんと5分20秒もの間に渡って流れるんです。

ぼくは映画で素敵な音楽が流れると「これが終わらないでずっとかかっているといいなあ」と思うことがよくあるんですが（たとえば『地獄の黙示録』（１９７９年）だったら、ドアーズの「The End」とワルキューレと「Suzie Q」が交互に延々とかかってくれていたらいいのに、と思います）、この『虐殺の週末』のように、どこで音楽を切ったらいいのか判断に困った結果として、音楽がずっと流れ続ける映画に出会うと、それはそれでなんだか嬉しくなってしまいます。

そのように「延々と音楽が流れる」例としては、『ブラッド・ピーセス／悪魔のチェーンソー』（1982年）という映画に忘れがたいシーンがありました。この作品では、「ヒロインが逃げる↓犯人が追う↓ヒロインが逃げる↓犯人が追う」というシーンを通じて延々と軽快なマーチ音楽がかかっていて驚かされます。映画自体は題名どおり、悪い奴が女の人を次々とチェーンソーでぶった切って人間ジグソーパズルを作るという内容です。

『虐殺の週末』はそういったわけで、なかなか音楽が洒落ている作品なので「一体この音楽を手がけた人は誰だろう？」と思って調べてみました。

本作の音楽はドヴ・セルツァーという作曲家です。この人は映画では他に『ハンナ・セネシュ』（1988年）だとか、『キング・ソロモンの秘宝2／幻の黄金都市を求めて』（1986年）などといったキャノン映画の音楽をいくつか担当しているほか、イスラエル映画にも広く楽曲を提供している人物です。ということはイスラエルの人なのかな？　と思ってウィキペディア（英語版）を参照したところ、ドヴ・セルツァーは1932年、ルーマニア生まれのイスラエル人作曲家・指揮者で、数々の受賞歴に輝く、イスラエル音楽界の重鎮だということが分かりました。交響曲もいっぱい作曲しています。

なんでそんな立派な作曲家が『虐殺の週末』の音楽をやってくれたのか……B級映画界にたまにある、謎の人脈パワーがどこかで働いたに違いありませんが、それにしても驚きです。というのも、『虐殺の週末』の時点で、セルツァーさんはすでにいくつものミュージカルでイスラエルの音楽賞を沢山受賞しており、本作が決して「無名時代に手がけた音楽」というわけではないからです。『虐殺の週末』の監督デヴィッド・ポールセンは、翌年キャノン作品『スキゾイド』を撮っていることからも分かるようにキャノン映画のプロデューサー、メナヘム・ゴーラン&ヨーラン・グローバスのコンビと親交があるので（『虐殺の週末』もキャノンが配給）、おそらくそのつてで紹介してもらったのだと思いますが、それにしても驚きました。なお、監督のデヴィッド・ポールセンは、その後テレビに活動の場を移し、『ダラス』（1978〜1991年）や『ダイナスティ』（1981〜1989年）など有名作品のプロデューサー／監督として名を馳せました。

▶ **Dov Seltzer - Lament for Yitzhak - Ya'ase Shalom**

（ドヴ・セルツァーさんの曲の一例。ユダヤ音楽、というんだと思います）

そんな大物が音楽を手がけていた『虐殺の週末』ですが、さらに驚くべき発見がありました。塩田先生言うところの「土地の田舎住民」の1人を演じていたのがなんとデヴィッド・ゲールだったんです。デヴィッド・ゲールといえばご存知、『リ・アニメーター』こと『ZOMBIO／死霊のしたたり』（1985年）で、ハーバート・ウェスト（ジェフリー・コムズ）に首チョンパされた生首教授ヒル博士を演じていた人物です。『虐殺の週末』では最後、チェーンソーを持った犯人を相手に、マチェーテを振りかざして大立ち回りを演じていました。

▶ **『ZOMBIO／死霊のしたたり』予告編**

Dov Seltzer -Lament for Yitzhak-Ya'ase Shalom

『ZOMBIO／死霊のしたたり』予告編

▶『死霊のしたたり』&『パート2』より、ヒル博士の場面詰め合わせ

　作曲家は超大物、監督はのちのテレビドラマ界の大物、田舎住民はヒル博士、と、何やらすごいことになってきた『虐殺の週末』ですが、話はここで終わりません。というのも、冒頭の難解なイメージシーンで、チェーンソーを手にとる男がいるんですが（その後本編にも登場します）、この、ちょっと抜けた男の役を演じていたのが、なんとウィリアム・サンダーソンだったのです。ウィリアム・サンダーソンは『ブレードランナー』（1982年）でJ・F・セバスチャンを演じていた俳優です。

　なんだか知れば知るほど『虐殺の週末』が重要な作品のような気がしてきました。と思いながら、さらに出演者をチェックしてみたところ、なんと子役でヤンシー・バトラーさんも出演しています。彼女は『キック・アス』シリーズでレッド・ミストのお母さんを演じていた女優さんです。

ヒル博士の場面
詰め合わせ

▶『キック・アス』予告編

かつて、インターネットで「ベーコン数」という遊びが流行ったことがありました。これはケヴィン・ベーコンと共演したことのある人（1）→その人と共演した人（2）という風にして、映画俳優同士の距離をケヴィン・ベーコンを起点として考えるもので、ほとんどすべての俳優が「ベーコン数3」以内に収まると言われています。

ですが、まさか『虐殺の週末』から『キック・アス』や『死霊のしたたり』、はては『ブレードランナー』までもが結びつくとは思ってもみませんでした。

本作は1976年に完成したものが1979年になってやっと公開されたんですが、『ハロウィン』（1978年）や『13日の金曜日』（1980年）に始まる、いわゆるスラッシャー映画の原型が『虐殺の週末』なのではないか、という指摘もあります（正直

『キック・アス』
予告編

に言うと、英語のウィキペディアにそう書いてありました）。

あと本作は、どのような経緯でそうなったかは不明ですが、権利がウヤムヤになったあげくにパブリック・ドメインになってしまったので、誰でも勝手にリメイクしたり続編を作ったりすることができるそうです。って、元の映画がここまで見てきたように難解そのものなので、リメイクするにしてもなかなか難しい作業を強いられそうですが……。

100年後の未来に続く時空の扉

タイム・トラベラーズ

1964年／米／監督・脚本：イブ・メルキオール／音楽：リチャード・ラサール／出演：プレストン・フォスター、フィリップ・ケリーほか

先日、招かれて友人のノーマン・イングランドの家に遊びに行ってきました。ノーマンは1959年生まれだからぼくより10歳年上です。彼は子供のときから『宇宙大作戦』や『宇宙家族ロビンソン』といったSFテレビ番組に熱中し、その後『猿の惑星』（1968年）と『ゾンビ』（1978年）に狂ったようにのめり込み、さらに日本の怪獣映画にもどっぷり浸かっていたという、生粋のSF映画・モンスター映画マニアです。ゾンビ映画や怪獣映画についてはいろんな本に原稿を寄せており、その筋ではよく知られる人物でもあります。その筋、というのはモンスター映画や特撮映画、ゾンビ映画のファンダムのことです。

かつてドイツでロメロの『ゾンビ』のマニアックな本が出版されたことがありました。世界中の『ゾンビ』ファンはドイツ語が読める読めないにかかわらず、この本をこぞって買い求めたのですが（ぼくも買いました）、この本の後半に「ロメロの『ゾンビ』間違い探し100選」みたいなコーナーがありました。そのコーナーが画面のキャプチャ画像も含め、まるまるノーマンが個人でやっていた『ゾンビ』のファンサイトの丸パクリだったと言えば、そのマニアっぷりの一端が分かるかと思います。

ぼくが最初にノーマンに会ったのは井口昇監督『片腕マシンガール』（2008年）の撮影現場で、そのときは挨拶程度だったのですが、その後だんだん仲良くなって、今では親友になりました。彼の実家の話も面白いです。お母さんは女優をやっていた時期があって、マイケル・ランドン主演の狼男映画『心霊移植人間』（1957年）にも出演しています（マイケル・J・フォックス主演の『ティーン・ウルフ』（1985年）はこの映画のリメイクです）。また彼女はラスベガスで働いていたときにオーソン・ウェルズのマジック・ショーの助手を務めたことがあるほか、作家やライターとの交流も多く、ノーマンの子供時代には家にトマス・ピンチョンがよく遊びにきていたそうです。ピンチョンはノーマン少年が大事にしていた『宇宙大作戦（スタートレック）』柄のTシャツを最初に褒めてくれた人だったと聞きました。

ノーマンにまつわる面白い話はまだまだ尽きないのですが、詳しいことは彼自身が本や雑誌の連載で書いているのでそちらを読んでいただくとして、そんなこんなで先日ぼくは初めてノーマンのお宅にお邪魔したわけです（彼がうちに遊びに来ることは多かったんですが、こちらから訪ねて行ったのは初めてでした）。いろいろとお宝グッズを自慢されたのち（これはマニアの友だちの家に行ったときには必ずある、一種の通過儀礼のようなものです）、宅配のピザが届いたので、ビール片手に映画を観ることになりました。

その日、ノーマンが観せたがっていたのはイブ・メルキオール監督作『タイム・トラベラーズ』です。イブ・メルキオールは『巨大アメーバの惑星』（1959年）や、『ヴァンパイアの惑星』（1965年・脚本）で知られる才人で、ぼくの大好きな『デス・レース2000年』（1975年）の原案も手がけています。なお『ヴァンパイアの惑星』は『エイリアン』（1979年）の元ネタの映画の1つとしても有名です。実は遡ること1週間前、バーでノーマンと飲んでいたとき（もちろんパンデミック前）、なぜか『タイム・トラベラーズ』の話になり、「そういえば観たことがないや」と言ったら「ええっ！　あんな最高の映画を！　観ていないなんて！　……では来週うちに遊びに来なさい。そして一緒に『タイム・トラベラーズ』を観ましょう」と言われ、1週間後に実際にそういうことになったのです。

1時間半後、観終わった『タイム・トラベラーズ』は本当に最高の1本でした。

物語は大学の実験室から始まります。そこでは科学者の一団が「未来が見えるモニター」のテストを行っていました。実験はめでたく成功し、モニターの向こうに100年後の未来が映し出されます。それは延々と続く荒れ果てた大地の映像でした。一体、地球に何が起こってしまったのか！

実験中、一瞬、何か不思議なノイズのようなものが部屋を横切ります……が、それに気づいたのはキャロルという女性科学者だけでした。

と、お調子者のダニーという男が、妙なことに気づきます。モニターに映し出された荒野が、どうもただの映像には見えない。すごく立体的に見えているということにです。あたかも、モニターの枠を踏み越えれば向こうに行けるかのようだと言うんです。試しに1歩踏み出してみたら、本当に「向こう側」に行くことができました。理由は分かりませんが、タイム・モニターは実験の結果、時空のポータル（出入り口）のようなものになってしまっていたのです。

ダニーがモニターの向こう側の荒野に姿を消してしまったので、科学者たちはおっかなびっくり、みなモニター内に入っていきます。

しかし全員が「向こう側」に行ってから振り返ると、ポータルが消えていました。最初は空中にモニター形の「窓」が開いていたのですが、それがなくなってしまったのです。

帰り道が消えてしまったので、仕方なく科学者グループはダニーを捜して荒野をさまようはめに陥ります。すると、奇怪な原始人のような一団が彼らに襲いかかってきました。原始人、といっても革製の服を着ていたりして、そうですね、ちょうど『サランドラ』（1977年）の食人一家くらいの感じといったら雰囲気が伝わるでしょうか。『サランドラ』を観たことがない人は、『マッドマックス 怒りのデス・ロード』（2015年）のエキストラぐらいの感じを想像してみてください。襲撃を受けた科学者は驚いて逃げ出します。

道すがらダニーと再会した彼らは、手近な洞窟に身を隠します。と、そこに奇怪な人造人間を引き連れた、未来人の女性が現れます。彼女は電磁バリアのような未来テクノロジーを使って原始人の行く手を塞ぐと、今度は洞窟の壁に謎のマシンでポータルを開け、一同を地底の未来基地へと案内してくれました。

地底基地で未来人の指導者に紹介された一同は、そこが確かに100年後の未来で、わずかに残る「未来人」だけが人類の生き残りであることを知ります。残りの「人類」は退化して原始人になってしまったのです。ついに地球人は、いろんな映画でさんざん描かれてきたように、あの愚かな最終戦争をやってしまったのです。

未来人は数が少ないので、人間によく似た人造人間を造って（口のところがスピーカーのようになっているので区別がつきます）労働力にしたり、原始人の襲撃に対抗したりしています。さらに未来人は宇宙へ脱出するためのロケットも建造中です。地球の資源は枯渇してしまったので、アルファ・ケンタウリにあるという地球によく似た惑星に移住しようという計画です。

ところで、未来人の女性はみななぜか話が早くて「向こうに行ったら子づくりに励まなくっちゃね、ウフン」などとダニー君を誘惑してきたりします。この場面では、セクシーな用途に特化した、七色の光がギロンギロンと光る不思議なモニターのあるセットが登場します（このギロンギロンと七色に光るモニターの効果を担当したのは、抽象アニメの大家オスカー・フィッシンガーでした）。

科学者グループは移住計画に参加させてもらおうとしますが、彼らを快く思っていなかった未来人の１人（※注）がいろいろと意地悪をして、彼らを乗せてくれません。積載重量の問題があるからだめだと言うのです。

※注：「この意地悪未来人は『宇宙家族ロビンソン』で全身を金粉で塗った金ピカ宇宙人を演じていた俳優が演じているのだ」と、映画を見終わったあとでノーマンが教えてくれました。さらに『宇宙家族ロビンソン』の当該シーンをわざわざ観せてくれたのは良かったのですが、続けて『宇宙家族ロビンソン』の

お気に入り場面を次々とテレビに映しながら解説を始めました。マニアの家に遊びに行くと、得てしてこういうことになりがちですが、とても楽しいものです）

そうこうしている間に原始人の攻撃はますます勢いを増してきました。科学者一同は別のテクノロジーを使って、なんとかこの世界に来たときと同じようなポータルを作ろうと試行錯誤しますが、そんな中、未来人ががんばって造っていた宇宙船が原始人の襲撃で発射に失敗、爆発してしまいました。もう人類に未来はなくなってしまったのでしょうか？

そうではありませんでした。最後の一瞬、ポータルが起動に成功し、彼らはなんとか元の世界に戻ってくることができた……ように見えました。ところが、元の実験室には過去の自分たちの姿がありました。「過去の自分たち」はまるで石になったかのように静止して、実験中のタイム・モニターを凝視しています。

一体どういうことだろう、と考えた結果、科学者は「自分たちは『過去の自分たち』と違う時間を生きているのだ」ということを悟ります。静止しているように見える「過去の自分たち」は、実際には限りなくゆっくり動いていたのです。

ぼくはこの場面で本当に感動しました。スティーヴン・キング原作の『ランゴリアーズ』の元ネタはもしかしてこれかも！　と気づいたからです。『ランゴリアーズ』は旅客機の乗客が、同じように時空の割れ目に閉じ込められて「一瞬後の世界」をさまようお話です。人々は「生きている」ので時間と共に「先の世界」に進んでいなくなってしまうのですが、「時間の過ぎ去った世界」はその後も生気を失った、死んだような景色になって「一瞬後」に空っぽな状態で存在している……そういう、独特なビジョンを『ランゴリアーズ』は提示していたのですが、『タイム・トラベラーズ』における、きわめてユニークな「時間軸のずれ」にはそれと似た感触があります。

『タイム・トラベラーズ』の研究者たちは、「過去の自分たち」からしたら、目にもとまらない速いスピードの時間軸に自分たちがいることに気づきます。映画の冒頭、キャロルが感じた不思議なノイズのようなもの……それは未来から戻ってきた自分たちだったのです。

しかし「過去の自分たち」は「過去の自分たち」ですから、映画の冒頭と同じ行動をとるわけです。モニターが立体であることに気づき、「向こう側」に足を踏み入れ、原始人に追いかけられ、未来人に出会って、宇宙脱出計画を聞き、それが頓挫し、ポータルを使って元の場所へと戻ってきて……やがて自分たちが「過去の自分たち」から見ると別の時間軸にいることに気づきます。

しかし、その「過去の自分たち」はやはり「過去の自分たち」ですから、映画の冒頭と同じ行動をとるわけです（誤植ではありません）。モニターが立体であることに気づき、「向こう側」に足を踏み入れ、原始人に追いかけられ、未来人に会って……このサイクルがどんどんどんどん加速していきます。つまり、今観ていた映画全体がものすごいスピードで永遠に繰り返されていくのです。彼らは、抜け道のない時空の迷宮に閉じ込められてしまったのでした。

なんと面白く、想像力を刺激する映画でしょうか。この映画に関しては、手品的な特殊効果（というか、手品のトリックを特殊効果に応用している）を使った、「普通に歩いてきてベッドに横たわった人造人間の頭を外して別の頭を取り付けると、その人造人間がワンカットで何事もなかったかのように立ち上がって歩き出す」というような驚きの場面も沢山あって、それも観ていて大変楽しいのですが、しかしなんという映画でしょう。こういうオリジナリティの高い、まったくもってヘンテコリンな映画を観ると本当に感動してしまいます。ついでに意地悪な未来人をやっていた俳優が『宇宙家族ロビンソン』で金ピカ宇宙人を演じていたことも分かって、大満足の一夜となりました。ありがとうノーマン、持つべきものは良い映画を勧めてくれて、さらにいろんな知識を惜しげもなく伝えてくれる友人です。

（『タイム・トラベラーズ』は日本版ＤＶＤも出ています）

ODD
CIN

CATS

キャッツ

窮屈で退屈な映像ワンダーランド

2019年／米・英／監督：トム・フーパー／出演：ジェームズ・コーデン、ジュディ・デンチ、ジェイソン・デルーロほか

「女狐」を意味する「ヴィクセン」とか、アメリカライオンを意味する「クーガー」だとか、あるいはもっと卑近な例としては「ビッチ（もとは「雌犬」の意）」のように、すらりとした哺乳類に女性をなぞらえる物言いは、常にセクシャルな意味を付与されています。とっくに死語になってしまいましたが、日本語でもたとえば「女豹のポーズ」という言葉がいっとき話題になったこともありました。今「すらりとした哺乳類」と書きましたが、正確には「すらりとした肉食動物」と言った方が良かったかもしれません。こういうアナロジーでは、獲物を捕らえてむさぼり食う肉食動物のアグレッシブさに、女性の性欲が重ね合わされているからで

す。歴史的に「ないもの」あるいは「あってはいけないもの」とされて、常に抑圧されてきた女性の性欲が「ある」ということに対する、男の側の恐怖心がこうした呼称には反映されています。この話はもっともっと掘り下げることが可能ですが、本題と少しずれてくるので、ここではそれを指摘するにとどめておきます。

さて『キャッツ』です。舞台版では独創的なメイクアップと衣装で人間と猫のハイブリッド――というイリュージョン――をステージ上に現出せしめていましたが、今回の映画版はCGI技術を活用して……かつて見たことのない奇怪なルックが作り上げられました。

奇怪さは境界線が意図的に曖昧にされていることに起因しています。『キャッツ』は、ある意味フォトリアリスティックな映画（のはず）です。CGIを使って「猫」の表象と混ぜ合わされてはいるものの、俳優たちの顔はすべて判別可能であり、その顔の「中」には人間の頭蓋骨がしっかり備わっていることが分かります。しかし、彼らの耳は猫と同じく頭上にぴんと立っており、尻からは長い尻尾が伸びています。

この『キャッツ』の猫表現はCGIを使って「リアル化」した「コスプレ」だと見るのが妥当でしょう。『ドラドラ子猫とチャカチャカ娘』のカートゥーン（1970～1971年）や、『E.T.』（1982年）のお母さんがハロウィンの日に着ていた衣装を考えてみれば分かりますが、『キャッツ』はそういう「猫コスプレ」の衣装と役者の肌との境界を、CGI技術を使って無化したものだと言えます。

▶カートゥーン『ドラドラ子猫とチャカチャカ娘』オープニングとエンディング

▶『プッシーキャッツ』（2001年）**予告編**
（「ドラドラ子猫とチャカチャカ娘」の映画化）

▶『E.T.』より、ハロウィンの日にヒョウ女のコスプレで挑むお母さん

『ドラドラ子猫』の原題『Josie and the Pussycats』（映画版の邦題『プッシーキャッツ』（2001年））では猫を「プッシーキャット（猫ちゃん）」と呼称しているわけですが、言うまでもなくプッシーは女性器の卑語でもあるため、猫コスプレは当然の

『ドラドラ子猫とチャカチャカ娘』オープニングとエンディング

『プッシーキャッツ』予告編

『E.T.』より、ハロウィンの日にヒョウ女のコスプレで挑むお母さん

ごとくセックスを想起させるものです。『E.T.』のお母さんがハロウィンの夜に性的な冒険をしていたのではないか、という疑惑についてはなぜ彼女がネコ耳をつけたピューマ女のコスプレを選んだのか？　ということを考えれば、その疑惑もあながち見当違いではないだろうと改めて思います。

映画『キャッツ』に当惑させられるのは、これだけ濃厚にセクシャルな含意を積み重ねておきながら、映画自体がセクシャルなものとして観られることを拒否しているかのように見えるところにあります。映画が公開されると「（猫ならあって当たり前の）肛門がない」ということが英語圏インターネットでおおいに話題になりました。「製作途中の段階までは〈肛門あり〉のバージョンで作られていた（かもしれない）」という噂が流れ、その後「せっかくCGIで描いた肛門を消去する作業があった（かもしれない）」という噂もまことしやかに囁かれました。コンセプトアートの不気味さも、「肛門ありバージョン」の噂を補強する根拠の1つに挙げられたりしました。

▶『キャッツ』コンセプトアートの1つ（猫と人間のハイブリッド具合のバランスに悩んだことがはっきり見て取れる）

▶どっかの誰かが作った「肛門ありバージョン」予告

しかし、もし肛門をつけていたら次は「乳首はどうした、ペニスはどうした」の大合唱になることは目に見えているわけで、その意味で製作者が「肛門なし」という結論に達したのは当然のことでしょう。

ところで、動物と人間とのハイブリッドがセクシャルな文脈で描かれる、という意味において『キャッツ』は『獣人島』（1932年）に始まる「ドクター・モローの島」映画や、あるいは狼女や猫女が登場するホラー映画（『ハウリング』や『キャット・ピープル』など）の直系の子孫です。

▶『獣人島』（1932年）予告編

『キャッツ』コンセプトアートの1つ

どっかの誰かが作った「肛門ありバージョン」予告

『獣人島』予告編

▶『ドクター・モローの島』（1977年）予告編

▶『D.N.A.／ドクター・モローの島』（1996年）予告編

▶『D.N.A.／ドクター・モローの島』よりファルーザ・バークのベリーダンス

▶『ハウリング』より狼に変身する女性キャスター

▶『キャット・ピープル』（1942年）予告編

▶『キャット・ピープル』（1982年）予告編

このような人間・動物ハイブリッド映画は「常に」獣姦を示唆するものであり、「獣じみた」セックスを暗示するものだということははっきり指摘しておく必要があります。動物と人間のハイ

『ドクター・モローの島』予告編

『D.N.A.／ドクター・モローの島』予告編

『D.N.A.／ドクター・モローの島』よりファルーザ・バークのベリーダンス

ブリッドはセクシャルな文脈以外ではあり得ないものです。であればこそ『キャッツ』はセクシャルな含意をもっと前面に押し出すべきだったのではないかと思いますが、マタタビの場面に顕著なように、それは常に寸止めの状態にとどめられています。踊り狂う猫人間たちと同様、『キャッツ』という映画はそれ自体、あらかじめ去勢されたものとして作られているのです。

『キャッツ』よりマキャヴィティとマタタビの場面

動物と人間の異常なハイブリッドがスクリーンを埋め尽くす『キャッツ』ですが、その「異常性」は飼いならされたものでしかありません。異常なものを異常なものとしてブーストし、異常な映像体験、異常な興奮へと結びつける「何か」が『キャッツ』にはまったく足りていない。もっとはっきり言えば、作り手が「異常なものが異常であるがゆえの美しさ、面白さ」というものを理解していない。「『キャッツ』があらかじめ去勢された映画

『ハウリング』より
狼に変身する
女性キャスター

『キャット・ピープル』
(1942年)予告編

『キャット・ピープル』
(1982年)予告編

だ」と言うのはそういう意味においてです。

『キャッツ』を前に困惑せざるを得ない理由のもう1つは、スクリーンに映るあれこれと観客との間に「信頼関係」がないことです。

これを「信頼関係」と言い切ってしまっていいものか逡巡もありますが、我々は基本的にスクリーンに映る俳優が現実に生きている人間で、その人たちが動き、しゃべり、歌う……すなわちお芝居をしている、ということを「信じて」映画を観るよう条件付けられています。

一方、映画というのはこの「信頼関係」をさまざまなやり方でエクスプロイトするものでもあります。始まった当初から映画は「カメラが現実を写し取った映像」と「カメラが現実を写し取ったように見える映像」の間で揺れ動いています。これはトリック撮影や特撮に限った話ではなくて、衣装もメイクも照明もセットも、何もかもが「現実を写し取ったように見せる」ための虚構である、ということも考慮する必要があります。しかしながら、そ

『キャッツ』よりマキャヴィティとマタタビの場面

ういうあれこれもやっぱり、ある種の「信頼関係」を前提としているわけだし、その「信頼関

「信頼関係」を突き崩してしまうような表現は基本的に忌避されるものだということは言えます。

『キャッツ』の群舞シーンなどは役者の人たちが実際に踊っているところをモーション・キャプチャー技術を使ってデータ化し、それをもとにCGI映像と実写映像をハイブリッドする……というプロセスを経て作り上げられたものです。その過程で「猫っぽさ」を強調するためにデジタル・スタントの技術で人間に不可能な動きが取り入れられたり、耳や尻尾をデジタルで付け加えるというようなことも行われています。結果、出来上がったのは、人間のダンサーのような動きをしつつも、随所で人間には不可能な動きをし、しかし顔面には生きた役者の表情が貼り付けられている、なんとも形容しがたいクリーチャーが歌い踊る情景でした。あとからCGIで付け加えられた耳としっぽの動きも問題で、「せっかくつけたんだから」と思ったかどうかは分かりませんが、動きがいちいち演出過多で役者の芝居を邪魔しているように見えるところも気になります。デジタル・スタントなのかモーション・キャプチャーなのか、それとも役者本人の映像なのか……『キャッツ』を観ている間中、観客は「この映像の何を信頼していいのか」途方に暮れることになります（昨今のCGI技術を駆使した映画のほとんども原理的には同じなんですが、『キャッツ』の「人間と猫のハイブリッド」は無茶が過ぎるためにどうしても気になってしまうということはあるでしょう）。

「現実と幻想をミックスした」と言えば聞こえがいいかもしれませんが、どうにも信用ならない映像ばかりだな……と観客の多くが思ってしまうのは無理からぬことです。

▶『キャッツ』撮影の舞台裏（4分弱）

『キャッツ』が非常に閉塞感の高い、息苦しい映画だということも指摘しておく必要があります。

　その傾向をここでは仮に「ストーリーボード映画」と呼ぶことにします。ストーリーボードというのはいわゆる絵コンテのことです。

　これまた『キャッツ』だけの問題ではありませんが、CGI映像の比重が増えるにつれて、「ストーリーボード映画」としか呼べない、どうにも窮屈な映画が増えたことは事実としてあります。これはCGI技術が過渡期を越えて、非常に成熟したものになったことと関係があります。もちろん、今でもCGI表現の最

『キャッツ』撮影の
舞台裏

先端で実験的なことに取り組んでいる映画はありますが、多くの場合CGIは「使い所の決まったテクノロジー」として定着しています。「こういうことがしたいんだったら、この技法でできますよ」という、カタログ的な性質が技術に備わってきているということです。過渡期においては「この技術を使って何ができるのか？」という問いかけがテクノロジーの変遷や進化を生んでいたのが、問いかけでなく解答として所与のものになったわけです。

『キャッツ』のビジュアルがおそろしく退屈なのは、それが「所与のものとしてのCGI技術を分かった上で描かれたストーリーボード」に基づいて構成されているのが明白だからです。『キャッツ』のビジュアルはどれもこれもプロダクション・スケッチが映像になった「だけ」のように見えます（繰り返しますが、そういう感覚は『キャッツ』以外の映画にも多いです）。ストーリーボードやプロダクション・スケッチはもちろん重要だし、特殊効果やCGIを用いた映画でその比重が大きくなることは理解できます。だからここで書いていることがストーリーボード批判だという風に受け取ってほしくはないのですが、ストーリーボードが映像に移し替えられた「だけ」に見えてしまう映画には、映像の面白さへの貪欲さが少ないように感じられます。スティーヴン・スピルバーグがフルCGIに挑んだ『タンタンの冒険／ユニコーン号の秘密』（2011年）や、マーティン・スコセッシがCGI技術を自在に取り入れた『ヒューゴの不思議な発明』（2011年）からは『キャッツ』がもたらすような窮屈さを感じないのですが、それはスピルバーグやスコセッシが物理法則から開放されたCGI技術を使ったときに、どういう斬新な映像表現が可能になるか、ということにきわめて貪欲な監督だからではないかと思うのです。

▶『タンタンの冒険／ユニコーン号の秘密』予告編

▶『ヒューゴの不思議な発明』予告編

このことは、次のように言い表すことができるかもしれません。『タンタンの冒険』や『ヒューゴの不思議な発明』には、新しいオモチャをもらって大喜びで遊んでいるような、無邪気で楽しい感覚があったと。オモチャを使ってどんな新しい遊びができるか考える……それをクリエイティビティと言ってもよいでしょう。反対に『キャッツ』は、もらったオモチャ――ここでは仮にそれを車のオモチャだとしておきます――を使って「これは

『タンタンの冒険／ユニコーン号の秘密』予告編

『ヒューゴの不思議な発明』予告編

車のオモチャだから、道を走らせよう」という、分かりきった遊び方しか見いだせていないように感じられると。CGI過渡期の映画で、今では揶揄されることも多い『モータル・コンバット』（1995年）や『ダンジョン&ドラゴン』（2000年）の方が、まだ「新しいオモチャを前に目を輝かせている子供のワクワク感」を感じ取ることができたのは皮肉です。『キャッツ』は悪い意味で、老成しているのです。

▶『モータル・コンバット』予告編

▶『ダンジョン&ドラゴン』予告編

「ストーリーボード映画」という側面に関してもう少し書いておくと、『キャッツ』が窮屈に感じられるのは「画面の中の動きがあらかじめ決まっているように見えるから」でもあります。これを「段取り感」と言ってもいいかもしれないし、あるいは

『モータル・コンバット』予告編

『ダンジョン&ドラゴン』予告編

「（特撮技術がなんであれ）ここから先は合成なので、その枠から外に出ないようにお芝居をしているのが観ていて分かる感じがもたらす窮屈さ」と言ってもいいかもしれません。こういう窮屈さを感じたのはこれが初めてではなくて、ぼくは同じような窮屈さをたとえば『ＡＬＷＡＹＳ　三丁目の夕日』（２００５年）だとか、あるいは一連のジョー・ジョンストン（この人はもともと非常に優れたストーリーボード・アーティストでもあります）の映画（『ロケッティア』『キャプテン・アメリカ／ザ・ファースト・アベンジャー』など）にも感じるのですが、そのあたりについてはもうちょっと踏み込んで考えてみる必要がありそうです。

▶『ＡＬＷＡＹＳ　三丁目の夕日』予告編

▶『ロケッティア』予告編

『ALWAYS 三丁目の夕日』予告編

『ロケッティア』予告編

▶『キャプテン・アメリカ／ザ・ファースト・アベンジャー』予告編

CGIを駆使してド派手な画面づくりをしている（はずの）映画がなぜここまで窮屈に感じられるのか。なぜ瑕疵《かし》のないドリーミーな「世界観」が実現できているはずの作品に息苦しさを覚えるのか……ということについては、引き続き考えていきたいと思います。最終的には映画における「生気《アウラ》」とは何か、という問題になってくるのかもしれませんが、現代はまさに映画の「生気」が危機的な状況にあるのかもしれません。「本物のスタント」「本物のでかいセット」みたいなものが（特に宣伝要素として）強調されるのは今に始まったことではありませんが、CGI技術が進歩する中で、そういう「本物性」が何かしらの「アウラ」をまとっているかのように語られ賛美されるという、そのこと自体、映画の持つ（あるいは持っていた）「生気」が危機にさらされていることの、またとない証左であるかのように思えるときも

『キャプテン・アメリカ／ザ・ファースト・アベンジャー』予告編

あるのです。

ジェームズ・キャメロンとロジャー・コーマンのヘンテコな関係

ギャラクシー・オブ・テラー／恐怖の惑星

1981年／米／監督：ブルース・D・クラーク／出演：エドワード・アルバート、エリン・モラン、レイ・ウォルストンほか

1981年のニューワールド作品『ギャラクシー・オブ・テラー／恐怖の惑星』は、と書き始める前に、映画の予告編がまず、同じニューワールドの（つまるところロジャー・コーマン製作の、という意味です）『宇宙の七人』のフッテージから始まっているので思わずのけぞった方も多いかと思います。ぼくも改めて予告編を観てのけぞってしまいました。

ロジャー・コーマンは、皆さんご存知のとおりの「B級映画の帝王」です。コーマンのことは広く知られていると思うので、ここでは立ち入ったご紹介はしません。コーマンと彼の映画術についてよく知りたい方は著書『私はいかにハリウッドで100本の映画をつくり、しかも10セントも損をしなかったか――ロジャー・コーマン自伝』（早川書房）を読むか、あるいは彼についてのドキュメンタリー『コーマン帝国』（2011年）をご覧になることをお勧めします。自伝の題名がすべてを物語っている気もしますが、エクスプロイテーション映画の世界においてロジャー・コーマンの果たした役割はとてつもなく大きく、まさに巨人という言葉がふさわしい人物であることは間違いありません。

▶『ギャラクシー・オブ・テラー』予告編

▶『私はいかにハリウッドで100本の映画をつくり、しかも10セントも損をしなかったか――ロジャー・コーマン自伝』（Amazon）

▶『コーマン帝国』（Amazon）

『ギャラクシー・オブ・テラー』予告編

『ロジャー・コーマン自伝』（Amazon）

『コーマン帝国』（Amazon）

『ギャラクシー・オブ・テラー』のストーリーは次のようなものです。

何者かに襲われて通信を絶った宇宙船を救助するため、クエスト号という宇宙船が辺境の惑星に向かいます。その惑星には謎のピラミッドがそびえていて、調査に向かったクエスト号の隊員は1人、また1人とわけの分からん宇宙モンスターに殺されていくのでした。（おしまい）

一読してお分かりのように、この映画は『エイリアン』（1979年）の大ヒットを見たコーマンが「ヨッシャ、うちも似たようなやつを作って儲けるぞ！」という思惑で製作した作品で、予算は70万ドルくらいです（スタッフによって、100万ドルくらいだったという証言もあり）。リドリー・スコットの『エ

▶『コーマン帝国』予告編

『コーマン帝国』
予告編

イリアン』の予算が900万ドルから1100万ドルくらい、と言われていますから、だいたいその10分の1の金額ですが、それでもロジャー・コーマンが製作した映画の中ではかなり高額の予算が投じられた作品です。少なくともコーマンの目からすればそうでした。

『ギャラクシー・オブ・テラー』は宇宙の果ての惑星を舞台にしたSF・ホラー映画なので、画面に映るものはすべて一から作る必要がありました。異星の風景、衣装に小道具、クリーチャー……何もかも手作りしなくてはなりません。

地球外の惑星が舞台の映画をロケで撮影するのは困難がつきまといます。「地球っぽく見えない」奇景を求めて世界各地に飛ぶことができればいいのですが、それには潤沢な予算が必要です。『エイリアン』の前日譚『プロメテウス』（2012年）は遠くアイスランドの地でロケーションを行っていたし、その続編『エイリアン：コヴェナント』はニュージーランドのフィヨルドランド国立公園で撮影していますが、それが可能なのは予算規模が巨大だからです。

当然のことながら、ロジャー・コーマン製作の『ギャラクシー・オブ・テラー』にそんな余裕があろうはずもないので、本作は製材所の跡地を改装して造ったスタジオですべてが撮影されることになりました。シーンによってはニューワールド社のオフィスの廊下にそれらしい装飾をつけて、宇宙船の通路に見せかけているところもあります。

『ギャラクシー・オブ・テラー』には、ボブとデニスのスコタック兄弟（特殊効果全般）やアレック・ギリス（特殊メイク）、ブライアン・チン（ミニチュア、ストップ・モーションなど）、トム・シャウズ（特殊メイク）など、多くの才能ある特撮マンが関わっていますが、特に貢献したのは若き日のジェームズ・キャメロンでした。

キャメロンはモンスターから宇宙船に至るまで、この映画に映るほとんどすべてのものをデザインしただけではなく、登場人物が殺されるシーンの監督もしているため（その多くは追加撮影でした）、ロジャー・コーマンに功績を認められて「第２班監督」としてクレジットされています。

当時ジェームズ・キャメロンは同じロジャー・コーマン製作の『宇宙の７人』（１９８０年）や、ジョン・カーペンター監督作『ニューヨーク１９９７』（１９８１年）といった低予算映画の現場でめきめきと頭角を現しつつありました。『ギャラクシー・オブ・テラー』ののち、キャメロンはついに念願の初監督長編『ターミネーター』（１９８４年）をものにすることになります。その後の活躍ぶりに関してはもはや説明の必要はないでしょう。

『ギャラクシー・オブ・テラー』は、そんな時期のキャメロンにとって、特撮の実験場とも呼べる作品でした。『ターミネーター』（１９８４年）の未来の場面や『エイリアン２』（１９８６年）の特撮シーンには『ギャラクシー・オブ・テラー』の現場で培った技術が多く投入されており、今『ギャラクシー・オブ・テラー』を見直すと「ああ、この場面が『ターミネーター』や『エイリアン2』の雛形になったんだな」と思うところがいくつもあります。非常な低予算にもかかわらず『ギャラクシー・オブ・テラー』がそれなりの「ルック」を獲得できているのはジェームズ・キャメロンに負うところが非常に大きい。それは間違いありません。

一方で野心家のジェームズ・キャメロンは現場で他のスタッフと揉めることも多く、加えて（自分が本作を「成り立たせている」という自負もあってのことでしょうが）、何かというと「俺の現場でこういうことは許さん！」と、監督の頭越しに高圧的な言動を繰り返すこともたびたびでした。その実態については『ギャラクシー・オブ・テラー』のブルーレイに収録されているメイキングで何人ものスタッフが証言しています。メイキングには『ギャラクシー・オブ・テラー』のメインどころのスタッフやキャストがみんなニコニコと出演しているのですが、そこにジェームズ・キャメロンの姿はありません。彼は若いときから大変な上昇志向の持ち主で、低予算映画の現場を「自分が次の段階に至るためのステップ」と考えていたようなんですが、それが一目瞭然だったため他のスタッフとの間に軋轢が絶えなかったということのようです。

『ギャラクシー・オブ・テラー』については、SF映画雑誌『スターログ』の１９８１年６月号から８月号にかけて、当時ハリウッドで精力的に取材活動を行っていた中子真治さん

（『超SF映画』『SFX映画の世界』など著書多数）の詳細な現場ルポが掲載されていて、当時のキャメロンのインタビューも読むことができます（こうした記事には、本当に貴重としか言いようのない、当時の撮影の舞台裏の写真も多数掲載されています。おそらく現在に至るまで『ギャラクシー・オブ・テラー』の撮影現場をあそこまで詳しく紹介してあるものは他にないはずです。なお、撮影中のタイトルは『プラネット・オブ・ホラー』だったので、記事の表記もそうなっています）。

ぼくは以前、中子さんに当時のキャメロンがどんな感じだったか直接伺ったことがあるのですが、特に印象的だったのは、「撮影中のランチタイムでも、絶対に他のスタッフと同じテーブルには座らなかった」というエピソードです。「俺はお前らとは違う種類の人間なんだ」という確固たる意思表示というわけです。

グイグイとハリウッドでのし上がるためには、それくらいの気迫が必要なのだろう……と一瞬思いましたが、ハリウッドで大成功している人であっても、どんなスタッフとも分け隔てなく親切に接する人もいるわけで、この「グイグイ感」や「強烈な自己主張」はキャメロン特有のものなのでしょう（そういうタイプの人は他にも沢山いそうですが）。そういう気性の持ち主でなければ、やっぱりアカデミー監督賞の受賞スピーチで「俺様が世界のキングなのだ〜！」だ〜！」とは言わないと思います。この「俺様が世界の王様なのだ〜！」はもちろん、受賞作

『タイタニック』のセリフの引用なのですが、『白熱』（1949年）ラストのジェームズ・キャグニーの「見てくれ母ちゃん、俺様が世界の頂点だ〜ッ！」じゃあるまいし……と思ったものです。

▶ キャメロンの「俺様が世界の王様なのだ〜！」スピーチ（2：54から）

▶ 『タイタニック』の「俺様が世界の王様なのだ〜！」

▶ 『白熱』のキャグニーの「俺様が世界の頂点だ〜ッ！」

とはいえ『ギャラクシー・オブ・テラー』の製作現場でキャメロンがとてつもなく大きな役割を果たしたことは事実です。周囲に対する態度がどうあれ、『ギャラクシー・オブ・テラー』が低予算にもかかわらず、立派なＳＦ映画に見えるのは若きジェーム

キャメロンの「俺様が世界の王様なのだ〜！」スピーチ

『タイタニック』の「俺様が世界の王様なのだ〜！」

『白熱』のキャグニーの「俺様が世界の頂点だ〜ッ！」

ズ・キャメロンの熱意と努力があってこそです。

しかしながら、そうやってキャメロンががんばったあれこれ、つまり素晴らしい特撮であるとか、洗練されたデザインのガジェットとかは、そう意識して観る人にとっては「なるほど、大したものだ」と感心するポイントなのですが、世間一般にとってはそうではありませんでした。

なぜって、世間一般では、『ギャラクシー・オブ・テラー』は、「巨大なウジ虫モンスターが金髪の女の子をレイプする」映画として有名だからです。

▶『ギャラクシー・オブ・テラー』の巨大ウジ虫

『ギャラクシー・オブ・テラー』は、宇宙の果てで、さまざまに形態の異なる「無意識の怪物」が襲いかかってくるという物語です。「無意識の怪物」は犠牲者の深層心理に潜む「恐怖」が具現化したものです。これは『禁断の惑星』（1956年）の「イド

『ギャラクシー・オブ・テラー』の巨大ウジ虫

の怪物」とよく似ています。実際、監督のB・D・クラークと脚本のマーク・シーグラーは本作を「『エイリアン』プラス『禁断の惑星』」というコンセプトのもとに作ろうとしており、そこには当然のことながら「でっかいウジ虫が金髪美女を脱がせてレイプして」などというノリは皆無でした。

しかし、そうは問屋がおろさないのがロジャー・コーマン映画塾です。この映画には何かが足りないな、と思ったコーマン先生はさっそく、「君たち、デカいウジ虫のモンスターの場面では、ぜひとも金髪美女を脱がせて、モンスターが彼女をレイプするようにしたまえ」と指示を下します。さらに、それまで全然セットに顔を出さなかったコーマン先生ですが、くだんのウジ虫モンスターレイプの撮影日にはちゃっかり現場にやってきて「もっとエロくしたまえ」「もっとボインとお尻が見えるようにしたまえ」と、細かく演出をつけ始めたというのです。

あまりにコーマン先生が横からうるさいので、監督B・D・クラークは「そこまで言うなら、コーマン先生、ご自分で演出されてはどうですか？」と言いました。これは本心からのセリフではなく、「こう言えば、さすがのコーマンも〝いや、考えてみればこれは君の作品だ。横からやいのやいの言ってすまなかった。続けてくれたまえ〟と言うだろう」と予想しての発言でした。ところが、それを聞いたコーマン先生、

「おおそうか、じゃあわしが」

と、ウジ虫レイプの場面を喜々として自分で演出し始めてしまったではありませんか。これには監督も開いた口が塞がらなかったに違いありません。自分から提案してしまった以上、取り消すわけにもいかず、さぞガックリきたことと思います。

さて映画が完成すると、くだんのウジ虫レイプ場面がMPAAに問題視されてしまいました（MPAAというのは「Motion Picture Association of America」の略で、要はアメリカの映倫のような組織です）。というのも、コーマン先生が演出した結果、当該シーンでは金髪美女が脱がされてレイプされるだけでなく、レイプ魔の巨大ウジ虫がモンスターだてらに腰を使い始め（！）、さらにとんでもないことに最初は嫌悪の叫びをあげていた美女が次第にいい気持ちになって「ウッフ〜ン」……という想像を絶する展開になっていたからです。MPAAが難色を示すのも理解できます。結局、編集の人がいろいろとがんばって、問題の場面を比較的おとなしめのものにすることで折り合いをつけることができました（とはいえ、完成版のフィルムでもウジ虫が腰を使っている様子はある程度分かるのですが……）。

ところが、公開されてみると『ギャラクシー・オブ・テラー』は、「巨大ウジ虫が金髪美女をレイプする場面があるらしい！」と大評判を呼ぶことになります（のちにVHSがリリースされたときも同様でした）。観念的なSFホラーを作ろうとした監督や脚本家、SF映画としてのルックを出来る限り高度で洗練されたものにしようとしたジェームズ・キャメロンの思惑はどこへやら、この映画は「でっかいウジ虫が金髪美女を犯す映画」として歴史に名を残すことになったのです。おそるべしはコーマン先生の慧眼というか、「どうすれば映画が売れるか」だけを考え続けてきた男の直感です。「モンスターが美女を脱がせてレイプするようにしたまえ」というコーマン先生の助言は間違っていなかったのです（監督や脚本家やジェームズ・キャメロンはおおいに傷ついたと思いますが）。

コーマン先生の横暴もといアイディアは、これだけではありませんでした。実は撮影中、現場が休みになる日曜日にコーマン先生はスタッフに無断で『ギャラクシー・オブ・テラー』のセットをドイツの時計会社のCM撮影に貸し出しており（！）、その代金だけで製作費を上回る収益を得ていたそうなんですが（！）、現場のスタッフにしてみれば、これもやりきれない話だと思います。毎日徹夜し、ゴミ捨て場からかき集めてきた材料を使って必死で作り上げたセットを勝手に流用された上、それで簡単に一儲けされてしまってはたまったものではありません。プロデューサーとして、あるいは銭ゲバとしてのコーマン先生の姿勢は正しいのかもしれませんが……。

とはいえこの映画、若きキャメロンら特撮スタッフの意気込みはビンビン伝わってくるし（ついでにロジャー・コーマンの映画哲学もよく分かるし）、「やろうとしていることは何となく分かるが、どうにも要領を得ない」という、80年代低予算SF・ホラー映画にありがちな雰囲気も味わえるとあって、今観てもなかなか楽しい作品です。出演陣も豪華でロバート・イングランド、シド・ヘイグやグレイス・ザブリスキー、ザルマン・キング、レイ・ウォルストン（この人は『スター・トレック』の艦隊アカデミーの庭師の人です）、それに……実は今回『ギャラクシー・オブ・テラー』を取り上げたのはこのことを書きたかったからでもあるんですが、劇中で顔面が爆発して死ぬ女性を演じたエリン・モーランという女優さんがいます。

顔面爆発

この人は子役出身で、13歳のときから出演していたテレビシリーズ『ハッピーデイズ』でアメリカのお茶の間によく知られた人だったのですが、2017年4月22日、なんと56歳という若さで亡くなってしまいました（注：メールマガジンでこの記事を書いたのはその直後でした）。

顔面爆発

▶ 'Happy Days' Star Erin Moran Dies At 56

モーランさんは80年代後半から鬱に苦しみ、仕事が全然なくなってトレイラー・パークに住んでいたのですが、そこも追い出され、金銭的にも精神的にも追い詰められた末に、死んでいるところを発見されたとのことです。ぼくは彼女を『ギャラクシー・オブ・テラー』でしか知りませんでしたが、クルクルとよく動く大きな目が印象的な彼女が、他のスタッフやキャストと同じく、『ギャラクシー・オブ・テラー』を少しでも良い映画にするために真剣に役に取り組んでいたことは作品を観れば一目瞭然です。謹んで哀悼の意を表しつつ、本稿をしめくくりたいと思います。

'Happy Days' Star Erin Moran Dies At 56

呪いの深海獣

CGもスタントもない水中シーン

1966年/米/監督：フランシス・D・ライオン/出演：スコット・ブラディ、シェリー・ノース、ゲイリー・メリルほか

「目的地：内宇宙」（Destination Inner Space）！　と聞くと、哲学的なSF、もしくは『ミクロの決死圏』みたいに、ミニミニサイズに縮んだ潜水艇で人体の中を探検するような映画を想像してしまいそうですが、題名に反してまったく内宇宙と関係のなかった映画、それが今回ご紹介する『呪いの深海獣』です。

▶『呪いの深海獣』予告編

『呪いの深海獣』は海底基地を舞台にした１９６６年公開のモンスター映画なんですが、当時日本では公開されておらず、たしかＶＨＳでもリリースされていなかったと思います。ただ、本作に登場するモンスターというか半魚人の姿はモンスター映画を扱った書籍で何度も目にしたことがあり、「あんなモンスターが出てくる映画は一体どんな作品なのかな？」と、ずっと気にかかっていたのです。こういうことはよくあって、特にかつて家庭用ビデオすらなかった時代には、いろんなモンスターや怪人の写真が載った本を飽きることなく何度も見返しては「これが動くところはどんな感じなんだろうか」と想像するのが常でした。今はその頃から考えると信じられない数の映画をＤＶＤやブルーレイで観ることができるようになりましたが、それでもいまだスチル写真でしか知らない映画は数多く、そういうものを１つ１つ探して観るのも人生の楽しみになっています。

『呪いの深海獣』
予告編

そう言っておいてなんですが、「あっ、これは前に何かの本でスチル写真を見かけた、あの映画じゃないか！」と思ってDVDを買っておきながら「まあ、急いで観なくてもいいか……もう手元にあって、いつでも観られるわけだし」と安心してしまい、そのまま「積ん読」状態になってしまっているソフトが沢山あるのは困ったものです。

『呪いの深海獣』の半魚人は、とてもかっこいいデザインで、ひと目見たら忘れられないインパクトがあります。

『呪いの深海獣』ロビーカード

『呪いの深海獣』ロビーカードその2

『呪いの深海獣』ロビーカードその3
（モンスターの背面側がよく分かります）

『呪いの深海獣』ロビーカード

『呪いの深海獣』ロビーカードその2

『呪いの深海獣』ロビーカードその3

▶モンスター

▶モンスターその2

大アマゾンの半魚人のクール・ビューティには到底及びませんが（ぼくは大アマゾンの半魚人は、映画史上ベスト1、2を争う素晴らしいモンスター・デザインだと思っています）、ピラニアを思わせる口元、らんらんと燃える真っ赤なでかい目、さらには巨大で赤いヒレを備えた〈深海獣〉の迫力も相当なものです。モンスターの背面が写っている写真をご覧になるとよく分かると思うんですが、この〈深海獣〉、背中が大きく盛り上がっているのが特徴で、昔写真でしか見たことがなかった頃は「そうか、魚の背中の形状を再現しようとしたんだな」と思っていたんですが、本編を観たら、そのふくらみが酸素ボンベを収納するためのものだということに気づきました。サカナ感を強調しつつ、実用性も兼ね備えたデザインになっているのです。

モンスター

モンスターその2

『呪いの深海獣』の舞台は先述したとおり、海底深くにある民間の研究基地で、ここでは海底生物の調査研究を行っています。そこにある日、巨大なUSOが到来します。USOというのは「アンアイデンティファイド・サブマージド・オブジェクト」の略で、要はUFOの水中版です。さっそくこのことを政府に報告すると、ウェイン中佐という軍人が調査のため基地に派遣されてきます。

ところが、ウェイン中佐がやってきたことを快く思わない人物もいました。それがマドックスという若者で、彼は以前海軍で勤務していた潜水艦が事故に遭ったとき、ウェイン中佐に部屋の出口を封鎖されてしまったため、5人の仲間が死んだことを今でも恨みに思っていたのです（伏線です）。

その頃、USOの内部では、何やら三角形の氷に包まれた謎のカプセルが壁面から押し出されたりしていました。文章力不足ですみません。

ちょっと話が逸れますが、海底基地にはホーさんという中国人のコックさんも勤務していました。この役を演じていたのがジェームズ・ホンさんだったのには驚きました。ジェームズ・ホンさんは『ブレードランナー』（1982年）の（またです）目玉職人ハンニバル・チュウや、『ゴーストハンターズ』（1986年）のロー・パン役でジャンル映画ファンにはおなじみの俳優ですが、他にもショー・コスギ主演の『ニンジャ』（1984年）や『地球爆破作戦』

（1970年）、それに『チャイナタウン』（1974年）などなど
フィルモグラフィは錚々たるもので、アメリカを代表する中国系俳優の1人です。

『ブレードランナー』よりハンニバル・チュウ

『ゴーストハンターズ』よりロー・パン対トラック

『ゴーストハンターズ』よりロー・パンと手下詰め合わせ

ウェイン中佐とマドックス、それにサンドラ嬢（ウェンディ・ワグナー）という女性研究員は、調査のため小型潜水艇に分乗して謎のUSOに向かいます。

この場面も含め、本作の水中シーンはすべて実際に水中で撮られています。それも、スタントなしに俳優本人がやっているんです。これはちょっと珍しいことです。なおサンドラ嬢は本作では

『ブレードランナー』よりハンニバル・チュウ

『ゴーストハンターズ』よりロー・パン対トラック

『ゴーストハンターズ』よりロー・パンと手下詰め合わせ

お色気担当という位置づけだと思いますが（※注）、水中シーンでも短パン姿なので『サンゲリア』（1979年）のアウレッタ・ゲイのような過激なお色気を期待してはいけません（『サンゲリア』には、今観てもビックリするような紐パン姿のアウレッタさんがダイビングをする場面があるのです）。『呪いの深海獣』は『サンゲリア』より13年も前、1966年の映画なのでお色気が控えめなのは当たり前なのでは？　と思われるかもしれませんが、同じ1966年の映画『恐竜100万年』ではラクエル・ウェルチがこれまた今なお語り草の毛皮ビキニで大活躍していたわけですから、『呪いの深海獣』はやはり上品というか、ことお色気面に関しては節度のある作品だと言っていいでしょう。

※注：かつてのジャンル映画には多くの場合、明言しないまでも「お色気担当」がいるのが常でした。今はさすがにメジャー映画では、あまりに露骨に「お色気担当」と分かる描写は減ってきたように思いますが、男女問わず「過剰なセクシーさを見せる」というのは現在も娯楽映画の重要な機能の1つです。逆に昨今では「過剰なセクシーさを見せつける〈お色気担当〉」が存在すること自体をメタ的にジョークとして見せる作品も生まれてきています。2017年の映画版『ベイウォッチ』などはまさにそういう作品で、男女問わず、とんでもなく過剰にセクシーな面々「しか」出てこないことをジョークとして成立させていました。これは、元のテレビ版『ベイウォッチ』（1989年〜2001年）が「お色気担当」ばか

りで埋め尽くされたセクシー番組だったことをメタ的に脱構築しているわけです。

▶『サンゲリア』のアウレッタ・ゲイ

▶『恐竜１００万年』予告編

▶『恐竜１００万年』より、ラクエル・ウェルチ・ミーツ・大ウミガメ

ＵＳＯ内部に侵入した３人は、中で不思議なカプセルを発見します。そうです、さっき三角形の氷に包まれて壁から押し出されていたアレです。周囲を覆っていた氷は溶けてしまったのでしょう、カプセルはむき出しになっています。

３人はカプセルを基地に持ち帰ります。研究者たちはカプセルをなんとかこじ開けようとしますが、どうにも歯が立たないどこ

『サンゲリア』のアウレッタ・ゲイ

『恐竜100万年』予告編

ラクエル・ウェルチ・ミーツ・大ウミガメ

ろか、時間を経るにつれカプセルがどんどん大きくなっていっていることに気がつきます。「基地に持ち帰った何かがどんどん巨大化して」と聞くと、『冷凍凶獣の惨殺』（『原始獣レプティリカス』／1961年）を思い出す方も多いかと思いますが、『冷凍凶獣の惨殺』で巨大化したのが怪獣の肉片だったのに対し『呪いの深海獣』では金属製のカプセルがどんどん大きくなるので驚かされます。さらにカプセルからはキーンという耳障りな音波も鳴り響き始めます……と思ったら、突然カプセルがブッ壊れて、中からお待ちかねの〈深海獣〉がじゃじゃーんと登場しました。

▶『冷凍凶獣の惨殺』予告編

で、そのあとは〈深海獣〉と登場人物たちが取っ組み合ったり、「研究するべきだ」「いや、一刻も早くUSOごと爆破しなくてはならん」という、おなじみのやりとりがあったりして——と書いてますが、本作のウェイン中佐は何がなんでも先手必勝イ

『冷凍凶獣の惨殺』
予告編

ズムらしく「すぐに殺そう!」「とにかく殺そう!」と、さしたる根拠もなしに攻撃することばかり提案するので観ていて微妙な気持ちになります――そんなやりとりの最中、マドックスとウェイン中佐の因縁にまつわる事実が明らかになります。かつてウェイン中佐が潜水艦の隔壁を閉じたのは事実でしたが、実はマドックスが脱出装置を独り占めしたせいで彼の仲間5人は死ぬことになったのでした(伏線回収)。

クライマックスでは、さっきの3人組すなわちウェイン中佐、マドックス、そしてサンドラ嬢がUSO内部にダイナマイトを仕掛けに行きます。と、そこに再び〈深海獣〉が登場、マドックスと揉み合っているうちにダイナマイトが大爆発してしまい、かくしてUSOの正体も〈深海獣〉が何だったのかもサッパリ解明できないまま、全部が爆発して吹っ飛んでしまいます。その後、「せっかくのファースト・コンタクトだったのに何の成果も得られなかった……」と落ち込む海底研究所の所長をウェイン中佐が慰めたり、それほど存在感のなかったサンドラ嬢とは別の女性研究員がウェイン中佐に急にキスしたりするので「あれっ、そうか、実はこの映画の主人公はウェイン中佐だったのか」と改めて気づいた瞬間、映画は唐突に終わってしまいます。まあ、考えてみれば彼以外に主人公らしき人がいなかったのは確かですが……。

さてここで、お色気担当(のはずの)ウェンディ・ワグナーさんについて少し解説します。

ウェンディさんの父親は元・海軍の中佐で水泳とダイビングのコーチでした。母親はスキー競技のチャンピオンだそうです。ウェンディさんは１９４１年生まれで、ファッション・モデルとして活躍する一方、映画にもいくつか出演しました（出演作に『ローズマリーの赤ちゃん』〈１９６８年〉、『リオ・コンチョス』〈１９６４年〉など）。彼女が一躍有名になったのはテレビシリーズ『グリーン・ホーネット』でケイシー役を演じたことによります。ダイビングの腕前もプロ並みだったそうで、それを買われて『呪いの深海獣』にキャスティングされたんだと思います。彼女は１９９７年に55歳という若さでガンのためお亡くなりになっています。

▶ウェンディ・ワグナーの生涯

▶『ローズマリーの赤ちゃん』予告編

ウェンディ・ワグナーの生涯

『ローズマリーの赤ちゃん』予告編

▶『リオ・コンチョス』よりウェンディ・ワグナー
（顔を褐色に塗ってインディアン娘を演じています）

▶テレビドラマ『グリーン・ホーネット』より
（これは未使用フッテージ）

▶テレビドラマ『マニックス』よりウェンディ・ワグナー

それと、大事なことを忘れていました！　『呪いの深海獣』のモンスターを作ったのはリチャード・カッサリーノという人で、この人は本作の前に『太陽の怪物』（１９５９年）という作品で、やはりインパクトのあるモンスターの造形を手がけています。

『太陽の怪物』は、月の光で変身する狼男の設定を太陽に置き換えたモンスター映画で、主人公の天才科学者は、実験中の事故で放射線を浴びたせいで（定番）、太陽の光に当たるとウロコだらけのモンスターに変身する体質になってしまいます。で、太陽

『リオ・コンチョス』より
ウェンディ・ワグナー

テレビドラマ『グリーン・ホーネット』より

テレビドラマ
『マニックス』より
ウェンディ・ワグナー

の光を浴びるわけにはいかない↓夜しか人前に出られない↓じゃあ夜出歩くことにしよう↓夜開いている店はバーしかないやんけ↓毎晩飲んだくれる、という、よもやのアル中スパイラルに突入していく作品で（本当です）、これまた楽しい映画なので、いずれご紹介できればと思っています。

▶『太陽の怪物』予告編

▶ジョー・ダンテが『太陽の怪物』を語る

『太陽の怪物』
予告編

ジョー・ダンテが
『太陽の怪物』を語る

BONUS TRACK

ゴリラ映画、チャールズ・ゲモラと『イ ンガギ』

1930年/米/監督：ウィリアム・キャンベル/出演：サー・ヒューバート・ウィンステッド、チャールズ・ゲモラ、ダニエル・スウェインほか

オーストラリア出身のリチャード・フランクリン監督は、超能力映画『パトリック』（1978年）や『サイコ2』（1983年）、『ビデオゲームを探せ！』（1984年）などでジャンル映画ファンによく知られています。オーストラリア映画テレビ芸術アカデミー賞を総なめにした『ホテル・ソレント』（1995年）という作品もあって、これは第8回東京国際映画祭で上映されたんですが、残念ながら未見です（今度、観てみようと思っています）。

彼の監督作品で特に好きなのは、知能の高いオランウータンが殺人を犯す『リンク』（1986年）という映画です。

2017年のある日、『リンク』をメールマガジンでご紹介しようと思ったぼくは『リンク』についてちゃんと書こうとすると、まずは1932年の映画『ブロンド・ヴィナス』（マルレーネ・ディートリッヒ主演）に触れないわけにはいかないことに気づきました。なぜかというと『リンク』冒頭の場面で、テレビに『ブロンド・ヴィナス』の有名なシーン——ゴリラ・スーツを着たマルレーネ・ディートリッヒが「ホット・ヴードゥー」を歌うシーン——が映っているからです。

この「ホット・ヴードゥー」の場面はのちにジョエル・シュマッカー監督が『バットマン&ロビン』でオマージュを捧げていたことでも知られていますが（ど派手なショータイム場面で、シュマッカー版『バットマン』の中でも一、二を争う名シーンだと思います）、『ブロンド・ヴィナス』は1932年、つまりオリジナル版『キング・コング』の1年前の映画です。そして1920年代後半から30年代は「ゴリラ映画」の全盛期でした。

『キング・コング』は「ゴリラが巨大」（厳密にはコングはゴリラとちょっと違いますが便宜上）ということで文字通り頭ひとつ飛び出したところにそびえ立つ存在ですが、しかし、『キング・コング』も数多の「ゴリラ映画」の文脈の中にある作品であること、その意味において『リンク』と『キング・コング』がしっかりと繋がっている、ということは重要です。

『ブロンド・ヴィナス』でマルレーネ・ディートリッヒが着たゴリラ・スーツは非常にリアルな出来栄えですが、それを作ったのは元祖〈ハリウッド・ゴリラ・マン〉とでも言うべきチャールズ・ゲモラという人物でした。「ゴリラ映画」の全盛期、ゲモラは数え切れない映画にゴリラを提供しているのですが、その突出したリアリズムは今見ても素晴らしいものです。アカデミー賞を7回も受賞した、現代特殊メイクアップ界の生ける伝説とも言うべきリック・ベイカーもゲモラの功績を絶賛しています。

ゲモラは精緻なゴリラ・スーツを作っただけでなく、セット・デザイナー、メイクアップ・アーティスト、彫刻家・画家・発明家など多くの顔を持つルネッサンス的な人物でした。現代の特殊メイクの基礎となる特殊メイクアップ素材の開発を行ったのもゲモラです。

1920年代から60年代までのハリウッドを駆け抜けたゲモラの人生は実に興味深く、その遺産を抜きに「ゴリラ映画」を語ることはできません。

とはいうものの、ゲモラの功績は最近までその全貌が明らかになっていませんでした。

精力的に情熱的に仕事に取り組んだゲモラは、生前ハリウッドで知られた人物だったのですが（業界紙やゴシップ紙に登場することもあり、「ゴリラの人といえばゲモラ」という名声はハリウッド中に轟いていました）、一方で映画のクレジットに名前をどう載せるか、というようなことにはあまり興味がなかったので、どの作品にどのように関わったのか、なかなか分かりづらかったのです。

しかし2016年になってゲモラについての詳細なドキュメンタリー映画『Charlie Gemora: Uncredited』がインターネット上で公開されます（Kickstarterで資金を募って作られたもので、完成までには4年の歳月がかかったということです）。

最初『リンク』についてメールマガジンに書こうと思っていたぼくは、『ブロンド・ヴィナス』のことを調べる過程でチャールズ・ゲモラについて触れないわけにはいかないと知り、さらに『Charlie Gemora: Uncredited』に出会って非常な感銘を受けました。チャールズ・ゲモラが映画の世界で果たした業績があまりに巨大だったからです。

そしてチャールズ・ゲモラについて書く以上、避けて通れない「幻の作品」があることも判明しました。それが1930年の映画『インガギ』です（なお『インガギ』は永らくその全貌を知ることができなかった作品ですが、2021年になってついにソフト化されたため現在は鑑賞可能です）。

センセーショナルな映画『インガギ』

1926年、英国の探検家ヒューバート・ウィンステット卿が撮影隊を引き連れてアフリカを訪れました。

同行したのは英国海軍のダニエル・スウェイン大佐。探検の目的はベルギー領コンゴに住むという、とある部族の調査です。噂によれば、この部族はゴリラを崇拝しており、人間の生贄をゴリラに捧げているというのです。

ジャングルに分け入った一行はバリエーション豊かな野生動物に遭遇します。20メートルもある大蛇、キリン、オランウータン、ハイエナ、象……さらに彼らは羽の生えたカメのようなアルマジロのような新種の動物も発見し、これを「トータディロ」と命名します。「トータディロ（Tort+adillo）」はカメ（Tortoise）とアルマジロ（Armadillo）を足した造語です。

ジャングルに危険はつきものです。撮影隊は手負いのライオンの襲撃を受け、カメラマンが死亡してしまいます。しかし苦労の末、彼らはついに「インガギの地」と呼ばれる地域に到達します。「インガギ」というのはコンゴ奥地の部族の言葉で「ゴリラ」という意味なんだそうです。住んでいたのは低身長で内気な〈ピグミー〉の部族です。彼らが「インガギ」に生贄を捧げているという呪われた種族なのでしょうか。

さらに撮影隊が歩を進めると、木陰にちらちらと全裸の女のような姿が見え隠れするではありませんか。彼女たちは一体何者なのか……。

そこに野生のゴリラが数体、のっそりと姿を現しました。鬱蒼とした木々の奥からこちらを観察しているものもいれば、設置したカメラに寄ってくるものもいます。ややあって、一体のゴリラが人間の女の「生贄」を引っ掴んで小脇に抱えると、ジャングルの奥へと姿をくらましてしまいます。

救わなければ！　スウェイン大佐の号令で、撮影隊はロープや網を駆使してゴリラを追い詰め、そのうち1体を射殺することに成功します。ところが、しばらくすると先程から木陰に見え隠れしていた全裸の女が1人、倒れたゴリラの死体におずおずと近づいてきました。ゴリラの死を悲しんでいるようです。もしかして彼女はそのゴリラの「連れ合い」だったのか……撮影隊が息を呑んで見守る中、死体に別れを告げた「女」は再びジャングルの奥深くへと行方をくらましてしまうのでした。

という「ドキュメンタリー」映画『インガギ』は、1930年に公開されて一大センセーションを巻き起こしました。

アフリカ大陸における冒険・狩猟旅行、いわゆる「サファリ」は1900年代に大流行しました。最も有名なのはセオドア・ルーズベルトが大統領退任後すぐに行ったもので、その舞台はのちの『インガギ』同様、ベルギー領コンゴでした。

▶セオドア・ルーズベルトのアフリカ紀行（1909年）
（パート1です。パート4まであります）

サファリ・ブームは映画界も席巻します。1915年の『レディ・グレース・マッケンジーの大狩猟映画』（Lady Mackenzie's Big Game Pictures）や、1909年の『アフリカ大狩猟行（Hunting Big Game in Africa）』はサファリ映画の代表格で、後者『アフリカ大狩猟行』はルーズベルトのサファリ紀行をシカゴのスタジオで「再現」したインチキ・ドキュメンタリー（＝モンド映画）でした。この作品はウィリアム・ニコラス・セリグという無声映画時代の大プロデューサーが製作したもので、セリグは史上初の『オズの魔法使』の映像化作品『The Wonderful Wizard of OZ』（1910年）でも知られています。

▶『The Wonderful Wizard of OZ』（1910年）

セオドア・ルーズベルトのアフリカ紀行

『The Wonderful Wizard of OZ』1910年

19世紀末から20世紀初頭にかけて、西欧ではゴリラをはじめとする類人猿が大変ホットなトピックで、ゴリラが登場する映画も『インガギ』以前から沢山作られていました。ゴリラを重宝したのは上記のようなドキュメンタリー（及び「ドキュメンタリー風」映画）に限った話ではなく、犯罪ものからコメディまで幅広いジャンルの映画にゴリラが登場しています。

空前のゴリラ・ブームはやがて映画史上に今なお燦然と輝く『キング・コング』（1933年）へと結実することになります。しかし『キング・コング』も『インガギ』もそうですが、フィクションにおけるゴリラ表象と現実のゴリラは分けて考えなくてはなりません。現実のゴリラは知的で心優しい、穏やかな動物です。一方、当時の映画や小説に登場するゴリラはいかにも凶暴で、なおかつエロチックな主体として「人間との性交」を強く示唆するものでもありました。

「凶暴なゴリラ」はどこから来たのか

ヨーロッパに初めてゴリラを紹介したのはポール・デュ・シャイユというフランス人探検家だとされています。シャイユは動物学者で、人類学者でもあります。彼は1856年から1859年にかけてアフリカを探検、それまで伝説上の存在だったゴリラの「標本」を持ち帰り、「初めてゴリラを実際に目にした西欧の白人」であると主張しました。ほかにもシャイユはピグミー族をやはり「発見」したと主張したり、「食人族の頭蓋骨」を持ち帰るなど、なかなかモンド的で興味深い人物だったようです。

シャイユはゴリラのことを「血に飢えた獰猛な生き物で、人間と見れば襲いかかってくる」と書きました。これは事実に反する記述ですが、伝統的な「獰猛な怪物としてのゴリラ」像の一端が、このシャイユの記述にあることは間違いありません。

シャイユは実際にゴリラを「見た」のかもしれません。しかし実際のマウンテンゴリラが確認されたのは１９０２年になってからのことでした。ロベルト・フォン・ベリンゲというドイツ人の船長が西アフリカで2頭のマウンテンゴリラを射殺したことで、ゴリラの実在が証明されました。

19世紀後半のヨーロッパでは類人猿に対する人々の興味がこれまでになく高まっていました。これについては１８５９年に発行されたダーウィンの『種の起源』の影響もありましたが、植民地の探検が盛んに行われたことも相まって「類人猿」や「原住民」に熱い視線が注がれるようになっていたのです。当時のボルネオでは、ヨーロッパ人による大規模なオランウータン狩りが盛んに行われていたといいます。

１８３９年7月にフィラデルフィアで開催されたオランウータンの展示はエドガー・アラ

ン・ポーにインスピレーションを与え、それが１８４１年の『モルグ街の殺人』に結実しました。『モルグ街』はご存知のとおり、オランウータンが殺人犯だったことが最後に分かるのですが（読んでいない人がいたらすみません）、ゴリラといいオランウータンといい、19世紀は類人猿がとにかく「凶暴で殺人的な動物」だとみなされていた時代でした。そのイメージは20世紀に入っても引き継がれていきます。

▶ バーニー・ライトソンによる『モルグ街の殺人』の素晴らしいイラストレーション

19世紀には美術界からも「凶暴な類人猿」のイメージを強烈に印象づける作品が登場します。それがフランスの彫刻家エマニュエル・フレミエの『女を連れ去るゴリラ』という作品です。

フレミエが最初に手がけた『女を連れ去るゴリラ』（１８５９年）はサロン・ド・パリへの出品を一度は拒絶されたものの「一

バーニー・ライトソンによる『モルグ街の殺人』のイラストレーション

部をカーテンで隠す」というやり方で展示された作品です。

▶フレミエ『女を連れ去るゴリラ』1859年

（サロン・ド・パリに出品を拒絶された方。女が着衣なのに注目）

この作品について、写真家で風刺画家のナダールは当時の新聞に「フレミエ氏の作品は、ゴリラが美女を森に連れ込んで食べようとするところを表現したものである。しかしながら、この食事に使われるソースは何なのか？　という質問にフレミエ氏が答えられなかったためにサロンはこの興味深い作品を拒絶したのである」とイヤミたっぷりに書きました。

しかしフレミエは酷評にめげず、18年後（！）の1887年に再び同じモチーフで新たな作品を制作、こちらは大好評でサロン・ド・パリの名誉メダルを受賞しました。

フレミエ
『女を連れ去るゴリラ』
1859年

▶フレミエ『女を連れ去るゴリラ』1887年
（こっちが受賞した方）

▶同、1887年の『女を連れ去るゴリラ』
（別角度からの写真。女性が裸なのがよく分かると思います）

新しい『女を連れ去るゴリラ』は強烈に異種間セックス、というか、ずばり「ゴリラによるレイプ」を想起させるものです。前の作品と違って女性がヌードということもあり、作品の意図は「ほのめかし」を越えた領域に突入していましたが、大衆はこの作品に熱狂しました。なぜって、そこにはエロとバイオレンス、そしてとんでもない背徳があることが明白だったからです。

よその方の記事で恐縮なのですが、「Ohnoblog 2」というブログ（http://bit.ly/2nAYl5f）には、この『女を連れ去るゴリラ』について「この作品も当時非常にウケて世紀末にレプリカができ、大層売れたらしい」との記述がありました（文脈から察するに

フレミエ
『女を連れ去るゴリラ』
1887年

同、1887年の
『女を連れ去るゴリラ』

『世界彫刻美術全集11 近代』に、そう記してあったようです）。人気のある彫刻のレプリカが作られるのは珍しいことではありませんから、『女を連れ去るゴリラ』のレプリカが沢山作られた、というのはおそらく本当だと思います。そのことによって『女を連れ去るゴリラ』はポップ・カルチャーの一部となった、と言うこともできるでしょう。ポップ化することによって、『女を連れ去るゴリラ』の表象は大衆の意識にしっかりと刻まれることになりました。

『女を連れ去るゴリラ』から約30年後、1914年の8月から9月にかけてドイツ軍が行った蛮行が世界に衝撃を与えます。このときリエージュ、ディナン、アンデンヌなど、東ベルギーから中央ベルギーに至る諸都市で横行したドイツ軍による残虐行為を総称して「レイプ・オブ・ベルギー」と呼びます。市民への暴行、虐殺、破壊行為……ドイツ兵は家屋に次々と火を放ち、女性や子供を含む一般の人々を殺戮していきました。死亡したベルギー市民の数は2万3700人にのぼります。およそ6000人がドイツ兵の手によって直接殺害され、1万7700人は投獄されたり、住んでいた場所から放逐されたために亡くなったとされています。加えて、数え切れないほどの人々が負傷し、また多くの子供たちが親を失って孤児になりました。「レイプ・オブ・ベルギー」は連合国がこの惨劇につけた名前です。

中立国だったベルギーが侵略されたこと、さらに女性や子供を含む市民が殺戮の対象になったことに対する怒りが世論を席捲しました。裸にした犠牲者を吊るして切り刻むといった陰惨きわまりない殺害手段、ドイツ兵による強姦殺人の様子などが各国のメディアで報じられる中、「レイプ・オブ・ベルギー」は第一次大戦時における反・ドイツの合言葉となり、プロパガンダ的におおいに用いられることになりました。なお「プロパガンダ的に用いられた」と言うと事件の信憑性に問題があるかのように感じられるかもしれませんが、残虐行為が横行していた事実は確定しています。

反・ドイツのプロパガンダとして「レイプ・オブ・ベルギー」という言葉は多くの書物や印刷物に登場するようになり、「レイプ・オブ・ベルギー」をモチーフにしたプロパガンダ・ポスターも作られました。そのうち、最も有名なのはアメリカで作られた「デストロイ・ディス・マッド・ブルート（この狂った獣を殺せ！）」というポスターです。

ポスターでは、プロイセン軍のヘルメットをかぶり、カイゼル髭を生やした凶暴そうなゴリラが半裸の美女を小脇に抱えています。言うまでもなく、このゴリラはドイツ軍の象徴です。彼が握りしめている血まみれの棍棒には「KULTUR（文化・文明という意味のドイツ語）」と書かれており、背景は焼け野原と化したフランスです。ゴリラはそこから「アメリカ」と書かれた土地に足を踏み入れようとしています。ドイツの「文化」は虐殺と暴力でしかない……そんな野蛮な連中が今にもアメリカに侵攻してくるかもしれない……というメッセージがこのポスターには込められています。

余談になりますが、このポスターのゴリラがかぶっているような、てっぺんにスパイクのついた（プロイセン軍の）ヘルメットを「ピッケルハウベ」と呼びます。ロウブロウ・アートの大家として知られる画家のロバート・ウィリアムスはこの「ピッケルハウベ」のコレクターで、彼の自宅には本物のヴィンテージのピッケルハウベがずらりと並べてあります。

▶ **ロバート・ウィリアムスのピッケルハウベ・コレクション**

▶ **ロバート・ウィリアムスのピッケルハウベ・コレクション**
（その2）

▶ **ロバート・ウィリアムス公式**
（大好きなアーティストです。彼の作品はどれも超かっこいいので是非ギャラリーをご覧ください）

ピッケルハウベ・コレクション

ピッケルハウベ・コレクション（その2）

ロバート・ウィリアムス公式

フレミエの『女を連れ去るゴリラ』と、「デストロイ・ディス・マッド・ブルート」のポスターは、どちらも1933年版の『キング・コング』の誕生に大きな影響を与えた文化的表象です。

▶「デストロイ・ディス・マッド・ブルート」ポスター

19世紀から20世紀初頭にかけて類人猿が「ホット」なトピックだったこと、その背景にある植民地主義、さらに「異人種間」セックスへの恐怖（と憧憬）……さまざまな要素が『キング・コング』へと至る道を形作っています（なお、言うまでもありませんが科学的な意味で「人種」というものは存在しません。このことは何度でも指摘しておきます）。さらにエドガー・ライス・バロウズの『ターザン』シリーズや、キプリングの『ジャングル・ブック』などなど、ジャングルと類人猿を扱った重要作品もまだ

「デストロイ・ディス・マッド・ブルート」ポスター

まだ枚挙にいとまがないのですが（そして、扱われている類人猿の種類や特徴にも興味は尽きませんが）、あまり寄り道していると本題の「ゴリラ映画」にいつまでもたどり着けないので割愛します。

先行する数々の文化的表象と『キング・コング』の関係については、『Dinomania: The Lost Art of Winsor McCay, The Secret Origins of King Kong, and the Urge to Destroy New York』（『恐竜マニア／ウィンザー・マッケイの失われたアート、『キング・コング』の知られざる起源、ならびにニューヨーク破壊への渇望）という長い長い題名の本が非常に示唆に富む、興味深い資料だったことを申し添えておきます。『キング・コング』以前のポップ・カルチャーにおける「巨人表象」「ニューヨーク破壊幻想」、それに「類人猿に対する恐怖」がどのように『キング・コング』へと結実していったか、この本を読むとよく分かります。風刺画や新聞漫画、パルプ雑誌、カートゥーンなどなど図版も豊富で素晴らしい本なのですが（判型がすごく大きいのも良いです）、白眉はやはり、『夢の国のリトル・ニモ』で知られるウィンザー・マッケイが「プレ・『キング・コング』」と言うべき表現を先行してポップな文脈に投じていた事実です。バブル時代ならきっと『Dinomania』もすぐに邦訳が出ていたと思うんですが……もし興味のある出版社の方がおられましたら、ぜひご検討ください。ぼくでできることがあればご協力します。

▶『Dinomania』@グーグル・ブックス

▶『Dinomania』の紹介（BoingBoing）

モンド映画としての『インガギ』

１９２８年に公開された『シンバ／百獣の王（Simba: King of the Beasts）』はマーティン・ジョンソンとオサ・ジョンソンの夫婦がケニアでライオンを追い求めるさまを追ったドキュメンタリー映画で、製作には４年の歳月を要しました。

▶『シンバ／百獣の王』１９２８年（部分）

▶探検家ジョンソン夫婦のドキュメンタリー

『Dinomania』
@グーグル・ブックス

『Dinomania』の紹介
（BoingBoing）

『シンバ／百獣の王』
1928年（部分）

▶「忘れられた女性：オサ・ジョンソン」
（女性探検家のパイオニアとしてのオサ・ジョンソンのドキュメンタリー）

『インガギ』は『シンバ』のヒットを受けて、「うちも一発当てるぞ！」という山師根性で作られた映画でした。

▶『インガギ』ポスター
（先述したエマニュエル・フレミエの彫刻「女を連れ去るゴリラ」にそっくりなところに注目）

扇情的なポスターから分かるとおり、『インガギ』はまごうことなきエクスプロイテーション映画であったばかりか、すべてがヤラセの「元祖・モンド映画」とも呼ぶべき作品です。『インガギ』は何から何までインチキでした。題名の「インガギ」は「アフリカの言葉でゴリラの意味」だと宣伝されました

探検家ジョンソン夫婦のドキュメンタリー

「忘れられた女性：オサ・ジョンソン」

『インガギ』ポスター

が、のちの研究でそのような単語がアフリカのどこにも存在しないことが分かっています。

ピグミー族だという触れ込みで登場した「原住民」は、アメリカの黒人の子供を仮装させたものでした。探検家のヒューバート・ウィンステット卿だとか、英国海軍のダニエル・スウェイン大佐などという人物も実在しません。撮影隊が「発見した」という新種の動物「トルタディーヨ」は、ヒョウモンガメにトゲトゲと羽をつけただけの代物でした。

▶『インガギ』撮影隊が捕獲したトルタディーヨ

しかし公開当初、『インガギ』はまごうことなき「本物のドキュメンタリー」であるとして宣伝されました。

製作会社、その名も「コンゴ・ピクチャーズ」は、宣伝文句で次のように謳っています。いわく「正真正銘、完全なる真実のドキュメント映画！　女性が生きながら巨大なゴリラの生贄

『インガギ』撮影隊が
捕獲したトルタディーヨ

に！」。まるで1980年代東宝東和のインチキ宣伝の文句のようですが、映画の宣伝はサイレント時代から「とにかく煽って煽って煽りまくる」のが伝統で、そういう「いい加減で扇情的な宣伝」も映画の魅力の1つだとぼくは思っています。

『インガギ』はニューヨークに拠点を置く映画配給会社の支援を取り付けられなかったので、全国公開ではなく各地を転々とする形で興行を行ったのですが、それでも大反響を巻き起こしました。まず反応したのはいわゆるヘイズ・オフィス（MPDAA／当時のアメリカ映倫）で、『インガギ』が公開されてすぐ、彼らは「（映画における）全裸は決して容認されない」と規約に書き加えました。ところが、このことが理由で『インガギ』にはさらに観客が殺到することになりました。「そこまで言われるからには、よっぽどけしからんものが映っているに違いない！」というわけです。

『インガギ』の興行収入はうなぎのぼりだったので、RKOは西海岸に拡大公開を仕掛けます。そうやって上映された映画館のすべてで『インガギ』はそれまでの興行成績を更新してしまいます。

公開から約3カ月ほどのち、ついにヘイズ・オフィスが『インガギ』の調査を命じます。これは『インガギ』がゴリラと女性との性交を示唆していたからではなく、「正真正銘のドキュメンタリー」と銘打っているのにもかかわらずフェイクの可能性がある、というのが理由でした。さらに『インガギ』はBBBの調査対象にもなってしまいます。

「BBB」というのはベター・ビジネス・ビュロー（Better Business Bureau）」のことです。これは1912年に発足したアメリカ・カナダの「商事改善協会」で、「不正な広告、販売慣習から消費者を保護するため発足した業界の自主団体」ということです（ブリタニカ国際大百科事典による）。協会は「当初は不正広告の規制が目的であったが、その後誤解を招きやすい広告や疑問の多い販売方法なども調査して消費者に知らせるようになった」もので、JARO（日本広告審査機構）は、実は「日本版のBBBを作ろう」というところから始まっています。

調べてみると、1930年6月7日号の『ミネアポリス・スター』紙の記事がオンライン縮刷版「newspapers.com」で見つかったので、公開当時の『インガギ』をめぐる雰囲気を理解するためにちょっと訳してみることにします。

〈ダウンタウンの劇場で3週間前から上映中の「衝撃的な猛獣狩り映画」を「商事改善協会（ベター・ビジネス・ビュロー）」が批判〉

ミネアポリスの観客は、さらに3週間の追加上映が決まった映画『インガギ』を観るためにダウンタウンの映画館に詰めかけている。街はずれの小さな映画館でかけられている『インガギ』に彼らは夢中なのだ。

これに対し、科学者と商事改善協会は本作がフェイクであると断言。まったくの偽物で、宣伝が言うような「恐ろしく、衝撃的な猛獣狩り映画」ではあり得ないとしている。『インガギ』に映っているゴリラはゴリラスーツを着た人間であり、また同作に登場する「ピグミー」は黒人の子供たちである、という批判が本作には多く寄せられている。商事改善協会によれば、この映画がフェイクであり、その主張に反して信頼に足るものではないことは明らかだという。にもかかわらず、ミネアポリスの観客はアフリカで撮影されたという奇妙な出来事をとらえた映画を観るために劇場に押し寄せている。観客はだまされているのだろうか？　嘘八百の宣伝にだまされて入場券を買わされているのだろうか？

商事改善協会の報告が掲載されている『スター』紙は、その判断を読者に委ねている。（見世物興行師の）P・T・バーナムがかつてさまざまな奇形を――しばしば、より扇情的な名前をつけることで――売り込み、大儲けしたことを考えれば、違うジャンルの娯楽産業（すなわち映画）が同じような戦略をとったとしても何の不思議もない。結局、観客は望んだものを見られているのだ。それが歴史的に、科学的に、そして芸術的な観点から正しいかどうかについて頭を悩ませるのは専門家だけだ。バーナム氏に富をもたらした見世物には奇妙な動物や未知の人類も含まれていたが、そのすべてに科学的な裏付けがあったわけではない。

映画内の説明によれば、「インガギ」とはゴリラだが、それがどういう言語の単語なのか――そもそも、そういう意味なのかどうかも――はっきりしない。『インガギ』は学術的な作品として宣伝されており、アフリカに赴いた探検隊の冒険を追ったものだと主張している。いくつかの場面はルーズベルトの著書で知られる「謎の川」で撮影されたものだというが（訳注：ルーズベルトはアフリカ探検もしているが、くだんの「謎の川」は南米のアマゾンにある）、専門家はそうしたシーンのほとんどがロサンゼルスの遊園地で撮影されたものだと考えている。

ゴリラやチンパンジー、ライオン、羽の生えた亀や奇怪な猿人の映像に観客は大喜びしているが、その間に商事改善協会は調査報告をまとめていた。その報告がすべて本当だったとしても、『インガギ』の製作陣が素晴らしい仕事をしたと言うことはできる。ペットショップ動物園を引き連れた、植物園の探検家としてだが。批判する側は『インガギ』がサイエンスと自然研究を侮辱し、ないがしろにするものだと断ずるが、一方で『インガギ』が映画づくりの技術（サイエンス）を進化させているということは言える。

商事改善協会の報告書は、アフリカのジャングルのゴリラや野生の女性たち、そして「奇怪な」子供たちについて「真正にして明白な映像証拠」だと宣伝で言い募るこの映画が、一流の科学者や教育専門家によって否定されたことを明らかにした。以下は商事改善協会が調査に基づいて発表した声明である。

『インガギ』の宣伝文句はこのように語っている。

「ヒューバート・ウィンステッド卿（海外農業部・王立地理学会）は、若きアメリカ人ハンターのダニエル・スウェイン船長と共にコンゴ奥地のゴリラ生息地に分け入った。そこはブルンガ近郊の山岳地帯で、彼らはその地で無数のゴリラに遭遇したばかりか、野生の女たち、それに不浄な交わりによって産まれたとおぼしき奇怪な子供たちを発見、さらには女を猿に生贄として捧げる風習を持つ、知能の低い部族と遭遇した。信じられないと思われるだろうが、それを記録した映像がこの恐ろしくも衝撃的な猛獣狩り映画のクライマックスなのである」

ニューヨークでは英国政府の公式機関が「ヒューバート・ウィンステッド卿」の調査に協力。名簿の調査が行われたが「ヒューバート・ウィンステッド卿」なる人物に関する記述は見つからなかった。

数多くの抗議や投書を受けて、アメリカ哺乳類学会会員も『インガギ』を鑑賞、映画の呼び物の多くが本物の自然をとらえた記録映像とごっちゃにされていることについて遺憾とする合意に至った。哺乳類学会が1930年5月23日付けで出した回答は以下のとおり。

「本学会のメンバーの多くが映画『インガギ』を鑑賞し、その後討議した結果、次の結論に至った。同作はアフリカの自然の実態を捻じ曲げて伝えつつ、あたかも真実の学術探検紀行のように装うものであり、アメリカ哺乳類学会はこれにより、本作を完全に否定するものである」（以下略）

記事は続けて、いかに『インガギ』が実際のアフリカのフッテージとヤラセ映像をツギハギにしているか、あるいは映画に登場するゴリラがどうして本物ではあり得ないのか（上腕や足の長さの比率をもとに、明らかに偽物だとしっかり指摘しています）、また、映画のロケ地とされる地域にゴリラが生息していないことなどを事細かに検証していきます。

さらに、映画に登場する大型のサルのうち、1頭がハリウッド映画によく登場する「メアリー」という名前のチンパンジーであること、オランウータンの方もやはりハリウッド映画に登場する個体をあたかも巨大なサルのように見せかけていること（オランウータンはボルネオ生息でそもそもアフリカにいないことも指摘されています）、はたまた劇中の「アフリカ」の一部がロサンゼルスのルナ・パーク遊園地内の動物園であることが明らかにされます。

また、映画中盤のショックシーンで「カメラマン」を襲うライオンが、これまたハリウッド映画でおなじみの個体「ジャッキー」だということについても言及があります。「ジャッキー」は当時のMGMのロゴにも登場する有名なライオンです。

▶ MGMロゴに登場する「ジャッキー」

▶ お風呂に入れてもらう「ジャッキー」

同紙はさらに、「ピグミー」や「謎の種族」が、やっぱりロス近郊に暮らす黒人の仮装にすぎないことも暴いているのですが、ぼくはこの記事がもっともらしい口調でヤラセを糾弾するふりをして、その実『インガギ』ブームを煽るものだったように感じています。こんな記事を読んだら「本当にそうなのか、もう一度映画館に行って、この目で確かめてみたい！」と思うに決まっているからです。

MGMロゴに登場する
「ジャッキー」

お風呂に入れてもらう
「ジャッキー」

そもそも、記事中にあるように『インガギ』をめぐって各所に「抗議の手紙が殺到した」ということ自体、当時『インガギ』を観た人のうち、それを正真正銘の「ドキュメンタリー映画」だと思っていた人がどれだけ本当にいたのかな？　という疑問を抱かせるに十分なものです。ぼくが思うに、基本的には当時の人々も、『インガギ』というヤラセ・ドキュメンタリーを、正しくモンド映画を観るときのやり方――すなわち「ウソだと思うけど、ひょっとして本物だったりして！」という、あのワクワク感――で観ていたはずです。

いずれにせよ、このようにして『インガギ』の多くのフッテージが先述したレディ・マッケンジー（本名グレース・マッケンジー）のドキュメンタリーからの流用であることはもちろん、ジャングルの場面がウィリアム・ニコラス・セリグがジャングル映画の撮影用にハリウッドにつくった動物園で撮影されていたこともバレてしまいました。撮影隊を襲ったライオンも確かにＭＧＭの「ジャッキー」だったばかりか、そのシーンを手伝ったのが「ジャッキー」の訓練士であることもバレてしまいます。

▶ MGMのロゴ（ジャッキー編）

▶ MGMのロゴの変遷（1916年〜2018年）

ここまでヤラセが明らかになっても、『インガギ』プロデューサーのナット・スピッツァーは強気でした（彼は『インガギ』ではナレーションも担当しています）。

「とはいえ本作の85％は真実の映像である」とスピッツァーは断言、残りの15％も「映画の〈繋ぎの場面〉として必要だったから追加撮影しただけだ」と彼は言い張りました。「ゴリラ」も「ピグミー」も、全部本物だから、全体として『インガギ』に問題などない、というのがスピッツァーの言い分ですが、見上げた山師根性だと思います。

ヘイズ・オフィスは『インガギ』をRKO社チェーンの映画館から引き揚げさせましたが、スピッツァーは独立系の映画館と次々に契約し、『インガギ』はさらなる収益を上げるようになり

MGMのロゴ
（ジャッキー編）

MGMのロゴの変遷
（1916年〜2018年）

ます。まさに飛ぶ鳥を落とす勢いです。「ヤラセ映画」というスキャンダルは『インガギ』の息の根を止めるどころか、物見高い観客はそのことでさらに映画館に殺到しました。

その後『インガギ』はくだんのマッケンジー夫妻に映像の無断借用を訴えられたり、また、動物虐待疑惑（疑惑というか実際にサイの赤ちゃんを殺したりしているのですが）で糾弾されたりと、いろんな紆余曲折を経て、「真実のドキュメンタリー」と銘打って公開することが禁じられてしまいます。動物虐待で叱られた映画というと真っ先に『食人族』が思い浮かぶ方も多いかと思いますが、『インガギ』はそういう意味でもフェイク・ドキュメンタリーの始祖中の始祖だと言うことができると思います。

▶『食人族』予告編（動物虐待場面はほとんど入っていません）

最近になってようやくソフト化された『インガギ』を実際に目にしてぼくは感銘を受けました。雑多なフッテージ映像を編集と

『食人族』
予告編

ナレーションを使って融合させ、あたかも1つの「映画」のように見せる「モンド映画術」が1930年の時点で既に完成していたからです。

1919年生まれのヤコペッティが『インガギ』を当時観ていたかどうかは分かりませんが、『世界残酷物語』より30年以上も前に、ある意味ヤコペッティ的な、あるいは『グレートハンティング』的な、残酷と珍奇とエキゾチズムを前面に押し出し、なおかつフッテージの自在な切り貼りの仕方がここまで似通った作品が既に存在していたことはやっぱり驚きです。劇映画のテクニックのほとんどがサイレント映画期に完全に出来上がっていたことは紛れもない事実ですが、トーキーになってすぐの時代に『インガギ』はのちのモンド映画をほぼ完全な形で先取りしていたのです。

『インガギ』がここまでセンセーショナルな成功を収めたのは、ひとえに（一番怒られた部分でもありますが）「ゴリラと人間がセックスして産まれた種族がアフリカの奥地にいた！」という、19世紀から続くゴリラ神話を臆面もなく堂々と打ち出していたからです。その神話に信憑性を与えたのはフィリピン出身のチャールズ・ゲモラというアーティストが作り上げた素晴らしいゴリラスーツです。

映画の大ヒット以降「インガギ」という言葉は「ゴリラ」の代名詞として独り歩きするようになります。当時の映画に登場するゴリラは、たびたび「インガギ」あるいは「エセル」などと呼ばれているのですが、「インガギ」も「エセル」も、チャールズ・ゲモラが自ら創作したゴリラスーツに入って演じたものでした。

チャールズ・ゲモラの作った素晴らしいゴリラスーツが忌まわしい神話に信憑性を与えました。ゲモラは小柄なので、映画に登場する「インガギ」も決して「恐怖の巨大ゴリラ」には見えないのですが、3年後の『キングコング』ではゴリラがとんでもないサイズにまで拡大解釈されることになります。『インガギ』と『キングコング』は1本の線で結びついています。エキゾチックな場所に、興行師あるいは研究者あるいは山師、もしくはその3つが渾然一体となったキャラクターが冒険旅行に出かけて、さまざまな未知の怪物や未開の人種に出会う……という、帝国主義時代のファンタジーを、リアリティをもって感じることのできた最後の時代が『インガギ』や『キングコング』の1930年代だったのです。

▶『キングコング』予告編

▶Charlie Gemora: Uncredited movie documentary

チャールズ・ゲモラ一代記

注：本稿は2016年にウェブで有料公開されたチャールズ・ゲモラの伝記映画『Charlie Gemora: Uncredited』を主な参考資料としています。本編はvimeoで有料で視聴・ダウンロード可能ですので、興味のある方は是非ご覧になってみてください。

チャールズ・ゲモラは文字通り「小さな巨人」でした。

と書くとダスティン・ホフマン主演の異色西部劇『小さな巨人』を思い出す人もいるかもしれません。この映画にはディック・スミスの卓越したメイクアップで121歳の超老人と化したダスティン・ホフマンが登場しますが、サイレント時代から活躍

『キングコング』
予告編

Charlie Gemora:
Uncredited movie
documentary

したハリウッドの特殊メイクアップ・アーティスト、チャールズ・ゲモラにふさわしい「小さな巨人」Little Big Manという言葉が、特殊メイクアップ効果を巧みに取り入れた映画の題名と同じなのは愉快な偶然だと思います。

▶『小さな巨人』（１９７０年）予告編

▶『小さな巨人』より、１２１歳のジャック・クラブ
（ダスティン・ホフマン）

１９０３年にフィリピンのネグロス島で生まれたチャールズ・ゲモラ（本名カルロス・クルーズ・ゲモラ）は10代後半でアメリカに渡りました。サンフランシスコに着いたゲモラ青年は農場などでアルバイトを経たのち、ロサンゼルスへと向かいます。当時ロサンゼルスでは、ダグラス・フェアバンクス主演の『ロビン・フッド』の巨大なセット建造のため、彫刻やペイントの技術に優

『小さな巨人』
（1970年）予告編

『小さな巨人』より、121
歳のジャック・クラブ
（ダスティン・ホフマン）

れた人材が多く雇われていたからです。

ゲモラは子供のときからアーティスティックな才能を示しており、アメリカに来られたのも絵の才能のおかげでした。マニラの港で似顔絵を描いていたのがきっかけで、仲良くなった船員が客船に忍び込ませてくれたのです。

▶ダグラス・フェアバンクスの『ロビン・フッド』（1922年）抜粋

ゲモラは残念ながら『ロビン・フッド』のプロダクションには参加できませんでしたが、ハリウッドでは次なる超大作の製作準備が進められていました。それがロン・チェイニー主演の『ノートルダムのせむし男』（1923年）です。

▶『ノートルダムのせむし男』（1923年）本編

ダグラス・フェアバンクスの『ロビン・フッド』（1922年）抜粋

『ノートルダムのせむし男』（1923年）本編

ゲモラは最初、エキストラとして『ノートルダムのせむし男』に参加していましたが、撮影の合間にエキストラ仲間の似顔絵を描いていたところを「発見」され、彫刻部門に抜擢されました。『ノートルダムのせむし男』には、ほぼ実物大のノートルダム大聖堂前面のセットが登場しますが（全景はミニチュア）、壮麗なゴシック様式の大聖堂のファサードを飾る幾多の彫刻をゲモラは手がけました。

こうしてユニヴァーサルで映画の職にありついたゲモラは、そこで双子のパース・ウェストモアとアーン・ウェストモア兄弟と仲良くなったのをきっかけにウェストモア一家と親交を深めます。父ジョージ・ウェストモアを長とするウェストモア一家の家業はメイクアップです。イギリス出身のジョージ・ウェストモアは１９１７年にハリウッド初のメイクアップ・スタジオを設立した人物でもあります。

ウェストモア一家との交流があったので、ゲモラには次々と仕事が舞い込むようになります。当初の仕事は主に彫刻で、『バクダッドの盗賊』（１９２４年）の巨神像や、カラー映画『海賊』（１９２６年）に登場する海賊船のセットの装飾などを担当しました。

▶『バグダッドの盗賊』（1924年）本編（ゲモラの担当した巨神像は1：33：23から1：35：48あたりです）

▶『海賊』（1926年）本編（ゲモラの担当した装飾は全編に渡って見られますが、35：12あたりから始まる甲板の場面などが分かりやすいかと思います）

1925年の『オペラ座の怪人』にもゲモラは関わっています。舞台となるパリ・オペラ座内部のセット彫刻の数々を手がけたのもゲモラでした。

▶『オペラ座の怪人』の彫刻作成中のゲモラ

▶『オペラ座の怪人』（1925年）本編

ゲモラはセット・デザインや彫刻を行うだけでなく、先述した

『バグダッドの盗賊』（1924年）本編

『海賊』（1926年）本編

『オペラ座の怪人』の彫刻作成中のゲモラ

ウェストモア一家のスタジオでウィッグ作りを手伝うこともありました。もともと絵と彫刻の才能を買われて映画界入りしたゲモラは、ウェストモアのスタジオを通じてメイクアップの技術に親しむことになります。

そんな折、ウィリス・オブライエンの『ロスト・ワールド』（1925年）の現場でゲモラは毛むくじゃらの猿人のボディ・スーツを作ることになりました。猿人のメイクアップを担当したのはセシル・ホランドでしたが、ボディ・スーツがウェストモア一家に発注され、それをゲモラが担当したというわけです。

『ロスト・ワールド』本編
（猿人登場シーンは1：17：57あたりから）

猿人のメイクアップを担当したセシル・ホランドもやはり当時のハリウッドのメイクアップ界の大物で、『成吉思汗の仮面』（1932年）でボリス・カーロフをフー・マンチューに変身させ

『オペラ座の怪人』
（1925年）本編

『ロスト・ワールド』
本編

たのもこの人です。

▶セシル・ホランド、「ハリウッド初のメイクアップ・アーティスト」

１９２７年の映画『ザ・ゴリラ　The Gorilla』（日本未公開）は、当時人気を博した舞台劇の映画化作品です。この作品に登場するゴリラこそ、ゲモラがハリウッド随一の〈ゴリラ・マン〉となる第一歩でした。

またまたウェストモア一家から依頼されて、ゲモラはゴリラ・スーツを作り上げます。最初頼まれたのはマスクだけでしたが、ゲモラはエクステンデッド・アーム（ゴリラの前腕は人間より長いので、リアリスティックなゴリラ・スーツは必ず前腕部を延長しています。それをエクステンデッド・アームと呼びます）を含むゴリラ・スーツ全体を製作したのです。

「ハリウッド初のメイクアップ・アーティスト」

▶『ザ・ゴリラ The Gorilla』（1927年）本編
（ゴリラ登場シーンは22：10あたりから）

しかし、完成した映画『ゴリラ』を観たゲモラは落胆します。ゴリラ・スーツの中に入って演じた役者のパフォーマンスがまったく「リアル」に見えなかったからです。

ゲモラは続けて『オペラ座の怪人』のルパート・ジュリアン監督作品『豹の夫人 The Leopard Lady』（1928年）にもゴリラ・スーツを提供します。

今度こそ、納得のいく「リアリスティックなゴリラ」を作るぞ！ と、精力的に作業するゲモラに感銘を受けたジュリアン監督は、「そこまでこだわるなら、いっそ君がゴリラ・スーツの中に入って演じたらいいんじゃないか」と提案します。この瞬間、チャールズ・ゲモラは名実共に〈ゴリラ・マン〉となりました。この造形家、特殊メイクアップ・アーティストとしてゴリラ・スーツを作るだけにとどまらず、それを身に着けて演じることで造形と

『ザ・ゴリラ
The Gorilla』
（1927年）本編

演技の双方から「ゴリラのイリュージョン」をスクリーンに生み出す人物としての〈ゴリラ・マン〉です。

▶『豹の夫人』スチル

▶『豹の夫人』のゴリラ・スーツ

『豹の夫人』のゴリラ・スーツは別の意味でも画期的でした。ゴリラと人間の頭蓋骨の形はかなり違うのでゴリラ・マスクには「内骨格」、つまり、ゴリラの顔を支えるためのアーマチュアが必要です。ゲモラはこのアーマチュアを可動式にすることで、自分の顎の動きに連動してゴリラの口が開き、同時に唇がめくれあがるような仕掛けを施しました。つまり、この時点でゲモラは既にアニマトロニクスの技術を先取りしていました。

『豹の夫人』のゴリラ・スーツは同じ年に公開された『俺は曲芸師』（1928年）に流用されます。この作品でゴリラを演じた

『豹の夫人』
スチル

『豹の夫人』の
ゴリラ・スーツ

のはゲモラではありませんでしたが、同年の『巨人ターザン』でゲモラは再びゴリラ・スーツの中の人となります。さらにゲモラは続編『猛虎ターザン』（１９２９年）のために新たなゴリラ・スーツを製作、ターザンとの大格闘シーンを自ら演じました（このスーツは実際に取っ組み合いを演じる都合からか、エクステンデッド・アームが使われていないのでゴリラの両腕が短く感じられます。ゲモラは作品、あるいはシーンの要請に従って、エクステンデッド・アームを使ったり使わなかったりしています）。

▶ **フランク・メリル演じるターザンとゲモラ**（写真）

▶ **『猛虎ターザン』ターザンとゴリラの死闘**

ゲモラは〈ゴリラ・マン〉として、コメディ映画『Do Gentlemen Snore?』（１９２８年）や『Why Gorillas Leave Home』（１９２９年）、『His Baby Daze』（１９２９年）などに立

フランク・メリル演じる
ターザンとゲモラ

『猛虎ターザン』
ターザンとゴリラの死闘

て続けに出演する一方、『ノアの方舟』（1928年）や『Stark Mad』（1929年）といった作品ではセット・デザインならびに巨大な彫像の製作を手がけています（『Stark Mad』には殺人ゴリラ役で出演もしました）。

▶ 当時のゲモラと彼の彫刻（作品は不明）

▶『Stark Mad』（1929年）の殺人ゴリラ（写真）

その後「ちびっこギャング」シリーズの1本『Holy Terror』（1929年）、オカルト・サタニック・ミステリー映画『Seven Footprints to Satan』（1929年）などを経たゲモラが、「コメディ的なゴリラ」を脱却して、「限りなくリアルなゴリラ」に挑戦した作品……それが『インガギ』でした。

当時のゲモラと彼の彫刻（作品は不明）

『Stark Mad』(1929年)の殺人ゴリラ

▶『Seven Footprints to Satan』（1929年）レストア版本編
（ゴリラ登場シーンは30：00くらいから。この映画、サタンは出てくるわ、獣人やキモいババアやフー・マンチュー的な東洋人は出てくるわ、ゴリラは出るわ悪魔崇拝場面はあるわで超面白そうなので今度全編観ていずれレビューしたいと思います）

『Seven Footprints to Satan』レストア版本編

それにしても、初めてゲモラがゴリラ・スーツを作った『ザ・ゴリラ』（1927年）から『インガギ』までわずか4年間――その間に、今挙げただけでも10本を超す作品に彼のゴリラが登場していたことを考えると、当時の映画界がいかにゴリラに取り憑かれていたかが分かります（当然のことながら、ゲモラが関わっていないゴリラ映画もあるわけです）。

『インガギ』は一大センセーションを巻き起こしました。

『インガギ』の真実性をめぐるヘイズ・オフィスと製作側の攻防は大きく報道されたため、〈ゴリラ・マン〉ことチャールズ・ゲモラの名前も広く知れ渡ることになります。

『インガギ』と同年、1930年に公開されたフランク・キャプラ監督の『Rain Or Shine』はサーカスを舞台にしたコメディです。この映画には言葉を話すゴリラが登場する場面があって、ゴリラが「〈チャーリー〉がぼくを檻から出してくれたんだ」と言います。これは〈チャールズ〉・ゲモラの名前と引っかけてあるわけです。そのセリフを受けた主演のコメディアン、ジョー・クックは「そう、こいつが〈インガギ〉なんです」と応えるのですが、このやりとり自体、『インガギ』がフェイク映画で、ゴリラの中に入っていたのがチャールズ・ゲモラだという事実が広く共有されていなければ成り立たないものです。〈ゴリラ・マン〉チャールズ・ゲモラの名前は、『インガギ』をめぐるスキャンダラスな報道の中で、いわば「時事ネタ」として世に広まっていました。

同じく1930年、ゲモラは『Cohens & Kellys In Africa』というコメディでまたもや「インガギ」を演じます。これはコーエンとケリーのコンビを主役にした「コーエンズ&ケリーズ」というコメディ・シリーズの1本で、同シリーズは合計で7本作られました。この作品にはゴリラが2頭登場してピアノを弾いたりするのですが、ゴリラの姿を見た原住民が口々に「インガギ！　インガギ！」と叫ぶ場面があります。「インガギ」は「ゴリラ」を指す言葉として、ほとんど一般名詞化していました。

▶『Cohens & Kellys In Africa』（1930年）スチル

『フリークス』（1932年）で名高いトッド・ブラウニングが監督した『三人』（1925年）は、名小人俳優のハリー・アールズが「赤ん坊のふりをした悪辣な小人」（役名トゥイードゥルディー）の役で出てくることで知られています。見た目赤ん坊なのに中身がオッサン、というと『ロジャー・ラビット』（1988年）のベイビー・ハーマンを思い浮かべる方も多いと思いますが、その元ネタは『三人』のトゥイードゥルディーです。どちらも葉巻好き、というところも共通しています。

▶『三人』（1925年）の邪悪な赤ん坊（のふりをした小人）
トゥイードゥルディー

▶『三人』別の場面のトゥイードゥルディー
（こちらは赤ん坊のふりをしていない場面）

『Cohens & Kellys In Africa』（1930年）スチル

『三人』の邪悪な赤ん坊（のふりをした小人）トゥイードゥルディー

『三人』別の場面のトゥイードゥルディー

▶『ロジャー・ラビット』より劇中アニメ
「何か燃えてる?」

▶『三人』（リメイク版・1930年）よりゴリラ登場場面
（画質悪くてすみません）

『フリークス』でハンスを演じたハリー・アールズは、グレイス、デイジー、タイニーと合わせた4人の姉弟「ドール・ファミリー」としても活躍していて、彼らは揃って『オズの魔法使』（1939年）にも出ているのですが、ここではいったん置いておきます。

トッド・ブラウニングの『三人』は、1930年にジャック・コンウェイ監督でリメイクされます。主演はロン・チェイニーで、チェイニーは本作が遺作となりました。チャールズ・ゲモラは、このリメイク版『三人』に、またまたゴリラ役で登場しま

『ロジャー・ラビット』
より劇中アニメ
「何か燃えてる?」

『三人』（リメイク版）
よりゴリラ登場場面

す。また、本作は「ちびっこギャング」ものの1本『The Bear Shooters』と2本立てだったのですが、『The Bear Shooters』にもゲモラ演ずるゴリラが出ていました。

▶『The Bear Shooters』（１９３０年）より
（ゴリラ登場場面は13：25あたりから）

１９３０年には『ザ・ゴリラ』（1927年）のリメイクも公開。オリジナル版と同様、タイトルロールのゴリラはゲモラが演じています。それにしても、この時代から映画界がリメイクに次ぐリメイクを繰り返していたこと、また、ゴリラが出てくる映画がこれほど作られていたことには本当に驚かされます。リメイク版の『ザ・ゴリラ』のフィルムは失われてしまったとのことですが、スクリーン・テストの映像が残っていて、そこにはミニチュアのビルディングの間をゴリラ・スーツで歩き回るゲモラの姿が記録されています。

『The Bear Shooters』
（1930年）より

ゲモラ＝ゴリラの快進撃は続きます。『Scared Stiff』（1930年）、マック・セネットの『Ghost Parade』（1931年）……『Ghost Parade』に登場するのは（劇中でも）偽物のゴリラなのですが、マスクをとられてしまってゲモラ本人の顔が露出するという珍しい場面があります。

▶『Ghost Parade』（1931年）
（ゴリラ登場場面は16：21から）

〈ゴリラ・マン〉として多くの映画に出演する一方、ゲモラはウェストモア一家のスタジオでメイクアップ・アーティストとしても活動を開始。〈ゴリラ・マン〉／彫刻家／メイクアップ・アーティスト／肖像画家、と、マルチに活躍するようになります。メイクアップ・アーティストというのは、ビューティー・メイクもこなすという意味です。ゲモラは多くの女優に愛されたビューティー・メイクアップ・アーティストでもありました。

『Ghost Parade』
（1931年）

ゲモラは1932年のベラ・ルゴシ主演『モルグ街の殺人』でもゴリラを演じましたが、このときはクローズアップがすべて実写のチンパンジーと差し替えられてしまいました。ドキュメンタリーによれば、これはヘイズ・コードの指導によるもので、理由は「ゴリラと人間の混血を思わせる描写を取り去るため」だったといいます。

▶『モルグ街の殺人』（1932年）
（ゴリラ初登場場面は20：27あたりから）

22年後、1954年の『謎のモルグ街』でもゲモラは殺人ゴリラを演じましたが、ゴリラ・スーツは格段の進歩を見せており、そのリアリティには圧倒されます。このときのスーツは、水を詰めた袋を両胸に仕込むことで胸板が波打つような効果を実現しているのですが、そのギミックはのちにリック・ベイカーが『キング・コング』（1976年）でコングを作ったときに参考にしたと

『モルグ街の殺人』
（1932年）

言われています。

▶『謎のモルグ街』（後編）
（17：37くらいからの場面でゴリラ・スーツのすごさがよく分かると思います）

▶『キング・コング』（1976年）よりリック・ベイカーのコング・スーツ

この話には面白い（というか腹の立つ）裏話があって、76年版の『キング・コング』では、有名なイタリア人特殊メイクアップ・アーティストのカルロ・ランバルディがコング造形の責任者だったのですが、ランバルディはリック・ベイカーが提案した水袋のプランを「そんなの使えない」と一笑に付しておきながら、その後プロデューサーに「ゴリラの胸に水袋を入れたらリアリティが出まっせ」と、さも自分のアイディアであるかのように提

『謎のモルグ街』（後編）

『キング・コング』より リック・ベイカーの コング・スーツ

案したというのですから開いた口が塞がりません。

ゲモラは4大スタジオのどこにも所属せず、作品ごとに各社に呼ばれて仕事をするというフリーランスで、そのため専属のマネージャーを雇っていました。このマネージャーはクラレンス・モアハウスという人物で、映画のプレミアをはじめとしたイベントにもゲモラを〈ゴリラ・マン〉としてたびたびブッキングしています。そのため、一度などゲモラは「サー・チャールズ2世」という名のゴリラとしてボクシングのリングに引っ張り出されたこともありました（本物のゴリラという触れ込みで）。ラッキーなことに「サー・チャールズ２世」にチャレンジする挑戦者はいなかったので、ゴリラ・スーツの中のゲモラもほっと胸をなでおろしたことだと思います。

ボクシング会場にゴリラが登場したことが話題になったからか、１９３２年の映画『Sealskins』に、ゲモラはジャッコという「ボクシングをするゴリラ」の役で出演しています。同じ１９３２年、ローレル＆ハーディのコメディ『The Chimp』では、ボクサーとは対照的に、チュチュを穿いてダンスを踊るゴリラ「エセル」をゲモラが演じました。

チュチュを穿いたゴリラというと、ボブ・フォッシーの『キャバレー』（１９７２年）で、ジョエル・グレイ扮するＭＣが歌う『If You Could See Her From My Eyes（僕の目から彼女を見ることができたら)』という曲が思い出されます。ＭＣの歌のお相手役の「彼女」が、やはりチュチュを穿いた「女の子」のゴリラだったからです。

マックス・セネットの映画『Hawkins & Watkins Inc.』も同じ１９３２年。ここにもボクシングの影響が尾を引いていて、ゲモラは「サー・チャールズ」という名前のゴリラに扮し、サイドカーや飛行機を操るなど大活躍しました（飛行機はもちろん本当に操縦していたわけではありません）。

『The Chimp』や『Hawkins & Watkins Inc.』などでゲモラが着用していたのは基本的には同じゴリラ・スーツです。そのゴリラ・スーツを流用したのが……お待ちかね、マルレーネ・ディートリッヒの『ブロンド・ヴィナス』（１９３２年）でした。

▶『ブロンド・ヴィナス』ディートリッヒの「ホット・ヴードゥー」場面

『ブロンド・ヴィナス』ディートリッヒの「ホット・ヴードゥー」場面

セシル・B・デミルの『暴君ネロ』も1932年。この作品でタイトルロールの皇帝ネロを演じたのはチャールズ・ロートンでしたが、ロートンがドクター・モローを演じた『獣神島』にもゲモラのゴリラが出演しています。『獣神島』で獣人たちの特殊メイクを担当したのはウェストモア一家のウォルター・ウェストモアでしたが、船上の檻に入ったゴリラをゲモラが演じていたのです。

このとき、ゴリラが映る場面の撮影は2日間に渡って行われたのですが、ゲモラはその間ほとんどゴリラ・スーツを着っぱなしで檻の中にいたそうです。そのためスタッフやキャストの多くはゲモラのことを本物のゴリラだと思い込んでしまい、船員役のエキストラの1人などは、檻の外から「ゴリラ」を棒でつついていじめる始末でした。ところが撮影が終わると、ゴリラ・スーツのままゲモラが難なく檻から出てきたので、このエキストラは仰天、日当を受け取るのも忘れて走って逃げていったという話です。

1933年のパラマウント映画『不思議の国のアリス』は、有名な児童小説の世界を映像化しようとした野心的かつリッチな作品で、作り物の数々は再びウォルター・ウェストモアが担当しています。ただ、トゥイードルダムとトゥイードルディーなどは、被り物に中の役者の表情を反映させる必要があり、そこでゲモラは自分のゴリラ・スーツの仕掛けを簡略化したシステムを提供しました。ゲモラのゴリラ・マスクは内骨格とワイヤー機構を備えたものでしたが、この『不思議の国のアリス』では、外側のラテックスのマスクと役者の顔の間にスポンジ（フォーム）で作った柔らかい内部構造が接着されており、これを通じて役者の顔の動きがマスクへと伝えられました。

ウェストモア一家やゲモラは当時、新たな特殊メイク用の素材の研究を盛んに行っています。メイクアップに使う特殊なラテックスの特許をウォルター・ウェストモアが取得したのもこの頃ですが、これは当時ゲモラに米国市民権がなかったため、代わりに取得したものだと言われています。70年代や80年代の特殊メイクで多用されたフォーム・ラテックスやゼラチンを使った皮膚表現についても、ゲモラやウェストモア兄弟が同時期に試行錯誤を繰り返していました。1932年の『ドクターX』の表情豊かな特殊メイクはゼラチンによるものでした。

ゲモラは1935年の大作『真夏の夜の夢』でもウェストモア一家に技術を提供しています。ジェームズ・キャグニーが変身したロバの被り物を製作したのはパース・ウェストモアでしたが、このマスクにもゲモラのゴリラ・マスクのテクニックが転用されています。

この当時の映画に「ゴリラが出てきて大暴れ」という場面がこれでもかとばかりに登場することには今さらながら驚かされます。「ゴリラ大暴れ」はコメディ場面の定番としてもポピュラーなものでした。これは19世紀末から続くゴリラ・ブームがまだ終わっていなかったことを示しています。

ビング・クロスビー主演、１９３３年の短編『Sing, Bing, Sing』もそういう作品の１本で、ゲモラが演じたチャーリーという名前のゴリラが車を運転しようとして事故を起こしたりしています。

１９３４年にはゲモラが演じるゴリラとマリオネットを共演させることで「巨大ゴリラ」を表現しようとした特異なテクニカラー作品『The Lost Island』が製作されました。メイ・ウエストやマルクス兄弟を模したマリオネットがどたばたを繰り広げる中、巨大ゴリラ＝ゲモラが登場するという内容で、前年の『キング・コング』のパロディとしての側面があったことは間違いありません。映画の途中では別の着ぐるみのドラゴンとゲモラのゴリラが格闘する場面もあったそうですが、途中で予算が尽きて企画は頓挫、未完に終わりました。

〈ゴリラ・マン〉として引っ張りだこの毎日を送りながら、ゲモラは彫刻やセットデザインの仕事もこなしていました。１９３５年の『化石人間』には「彫像に生命が宿って動き出す」という場面があります。ゲモラはこの場面のため、出演した俳優たちに生き写しの像を多数制作しました。

ゲモラは彫刻家としてのみならずセット・デザイナーとしても優秀で、１９３６年のミュージカル『巨星ジーグフェルド』に登場する信じがたいスケールのセットの設計も行っています。やはり１９３６年の『曲馬団殺人事件』でゲモラが演じたゴリラはシーザーという名前です。シーザーはサーカスのゴリラなのですが、サーカス！　ゴリラ！　シーザー！　と言えば、嫌でも『新・猿の惑星』（１９７１年）を思い出しますよね（『新・猿の惑星』の赤ちゃんはマイロという名前で、彼がシーザーに改名するのは『猿の惑星・征服』ですが）。『猿の惑星』のリブート版シリーズの猿のリーダーもシーザーです。『曲馬団殺人事件』のシーザーと、『猿の惑星』フランチャイズのシーザーに直接の接点はないと思いますが（あったら嬉しいですが）、１９３６年にシーザーという名前のゴリラが既に登場していて、なおかつサーカスの場面だったことには心動かされるものがあります。

ゴリラ以外のメイクアップの仕事もゲモラは精力的にこなしていました。パール・バック原作の映画『大地』（1937年）では、出てくる中国人をほとんどアメリカ人俳優が演じましたが、主演のポール・ムニの特殊メイクを担当したのもゲモラでした（メイク担当はジャック・ドーンでしたが、彼が作成したゼラチン製のテスト・メイクが照明の熱で溶けてしまったためゲモラがヘルプで呼ばれ、フォーム・ラテックスを使ってアジア人の一重まぶたを作成したとのことです）。このようにフォーム・ラテックスで作った部分的なアプライエンスを使って俳優の相貌を変えたり、他の人種に変えたりということもゲモラは得意としていました（本当に何をやらせてもうまい人なのです）。フレデリック・マーチ、アンソニー・クイン主演の『海賊』（1938年）に登場する人相の悪い海賊も、『Sons Of Liberty』（1939年）に登場するジョージ・ワシントンもゲモラがフォーム・ラテックスを使った特殊メイクで作り上げたものでした。

チャールズ・ゲモラという人はおそろしく才能に溢れた人でしたが、反面、自分の名前をクレジットに載せることにはそれほど興味がありませんでした。そのため、近年になって研究が進むまで、ゲモラの仕事の全貌はよく分かっていなかったのです。ぼくもゲモラの名前は知っていたものの、ここまで多彩な仕事をこなしていたのかと本当に驚きました。

ゲモラは自分の技術を人々に惜しみなく教えることでも知られていました。当時、最新の特殊メイク素材だったフォーム・ラテックスの混合比はウェストモア兄弟によって公開されましたが、これはもともとゲモラが開発したものです。製法を公開することについて、ゲモラに異存はまったくありませんでした。現場でもゲモラは多くのメイクアップ・マンに自分の培った技術をどんどん教えており、たとえばチャールズ・ロートン主演の『ノートルダムの傴僂男』のメイクを担当したバウ兄弟は、かつて『真夏の夜の夢』の現場でゲモラにラテックスを使ったメイクのやり方を教えてもらったことがありました（もともとバウ兄弟はラテックスの業者として『真夏の夜の夢』の現場に来ていたのです）。

『インディ・ジョーンズ』シリーズに多大な影響を与えた、ジョージ・スティーヴンス監督の冒険映画『ガンガ・ディン』（１９３９年）の現場では、主演のサム・ジャッフェ以下、１２００人ものエキストラに褐色の塗料を吹き付けてインド人へと変身させました。この塗料もゲモラが開発したもので、肌になじみ、かつ衣装に色移りしないという優れた染料です。同じ技術を応用して、ゲモラは血糊も開発しました（これも服に色移りしないのがミソです）。

１９４０年の人間縮小ホラー映画『ドクター・サイクロプス』は、ぼくの大好きな「巨大人間／縮小人間」もののはしりとも言える作品で（それ以前にも『フランケンシュタインの花嫁』がありますが）、現実にあるものを拡大した巨大なセットや小道具、合成技術を活かしたセンス・オブ・ワンダー溢れる画作りが楽しめる映画です。この映画でゲモラは巨大な小道具をいくつも作っただけでなく、ドクター・サイクロプスの可動する巨大な手も製作しました。

このように驚異的な量の仕事をこなしながらも、ゲモラはハリウッドに自宅を建て、子供をもうけ、週末には友人たちを招いてパーティを開くなど社交にもいそしんでいました。ゲモラの自宅はハリウッドランド貯水池の近くにありましたが、この家には彼が設計した自動窓清掃装置や、人工の雨を降らせるマシンが設置されていました。家の中にはバーカウンターがあり、その後ろには巨大な水槽があって、中には火山のジオラマがしつらえてあって、定期的に雷が鳴り響き、フラッシュの稲妻が光って嵐を再現するようになっていましたが、これも全部自分で作ったものでした。一体、どれだけ何でもできる人なんだ！　と顎が落ちそうですが、さらにゲモラは音楽の才能にも恵まれていて（！）、アコーディオンやギターやピアノの演奏がうまく、一度聞いた曲をすぐに耳コピーで弾きこなすことができたというのですから、まさにルネッサンス・マンとしか言いようがありません。自宅のプールの設計をしたのもゲモラ（プロの設計士の図案が市当局に受理されなかったのですが、ゲモラが図面を起こしたら一発で通ったそうです）だし、ビューティー・メイクアップの名手として女優たちの信頼も厚かったということで……いやはや、「何をやらせても一流」という言葉がこれ以上しっくりくる人もなかなかいないと思います。

ゲモラは老けメイクにも優れた手腕を発揮しました。1940年の『Those Were The Days』において、ゲモラは当時17歳だった主演のボニータ・グランヴィルを中年の女性へ、そして老婆へと変身させせました。パーツごとに分かれたフォーム・ラテックスのアプライエンスを使うテクニックを1940年の時点でゲモラはものにしていたのです（部分的なアプライエンスが交互に重なり合うテクニックをのちに開発したのはディック・スミスです）。

ゲモラが老けメイクを担当した映画にはほかに『It Started With Eve』（1941年）や『The Great Man's Lady』（1942年）などがあって、中でもバーバラ・スタンウィックを100歳の老婆に変身させた『The Great Man's Lady』の老けメイクの出来栄えにはゲモラも非常に満足していたといいます。このときは口角にワイヤーを仕込んで老人特有の凹んだ口元を再現する、というテクニックが使われていました。

こうしたゲモラの素晴らしい仕事は丁寧な観察眼によるものだ、とリック・ベイカーは指摘します。ゲモラのゴリラは、頭部の毛がちょっとリーゼントのように盛り上がっているのが特徴なのですが、これはサンディエゴ動物園の初代ゴリラ「Mボンゴ」をよく観察していたからだ、と言うのです。サンディエゴ動物園には「Ｍボンゴ」の銅像が今も残っており、それを見てリック・ベイカーはゲモラのゴリラとの共通点に気づいたそうですが、実際ゲモラはこの動物園に足繁く通い、実物のＭボンゴを飽きずに観察していました。その観察眼は造形のみならず、彼が演じたゴリラの動きや歩き方、行動様式にも反映され、そのことで彼の演じたゴリラは非常にリアルな存在感を獲得することになりました。

１９４１年の『復讐のゴリラ男』で、ゲモラは新作のゴリラ・スーツを披露します。リアルさを追求したこのスーツは同年の『アフリカ珍道中』、さらに１９３９年の『マルクス兄弟珍サーカス』にも流用されます。

〈ゴリラ・マン〉仕事の依頼は次々と舞い込んできましたが、この頃ゲモラはそろそろ〈ゴリラ・マン〉に限界を感じるようになっていました。暑いゴリラ・スーツを着込んでアクロバティックに飛び回るのには体力がいりますが、歳もあり、それがきつくなってきていたからです。しかし〈ゴリラ・マン〉仕事はギャラがいいので、ゲモラは無理を押してゴリラを演じ続けました。その結果、ゲモラは１９４３年に心臓発作を起こしてしまいます。辛くも [illegible] りとめたものの、〈ゴリラ・マン〉も潮時だな、という気持ちはますます強く [illegible] た。

１９４７年。冒険コメディ・ミュージカル『The Perils of Pauline』に〈ゴリラ・マン〉として呼ばれたゲモラは、編集時に「女優の首をゴリラが絞めるのはダメ」という理由で登場場面が検閲でカットされたのに落胆し、〈ゴリラ・マン〉稼業に見切りをつけることを決心します。にもかかわらず、１９４８年『Who Killed Doc Robbin?』、１９４９年『凸凹猛獣狩Africa Screams』、１９５３年『蛮地の太陽』と、以前ほどの量ではないにせよ、ゲモラのゴリラ仕事は続きました。そして――先述した１９５４年の『謎のモルグ街』が、おそらくゲモラ最後のゴリラ仕事となりました。

〈ゴリラ・マン〉を引退しても、ゲモラの創作意欲はまったく衰えませんでした。ゲモラはジョージ・パルの『宇宙戦争』（１９５３年）の宇宙人を造形し、『黒い絨毯』（１９５４年）のために磁石で動かすことのできるアリの大群を開発（プラスチック製のアリの中に鉄が仕込んであるそうです）、さらにインディペンデント系の『ニューヨークの怪人』（１９５８年）の機械人間をデザイン＆製作。『宇宙船の襲来』（１９５８年）のエイリアンを作り上げたのもゲモラでした。

▶『宇宙戦争』宇宙人登場シーン
（中に入っているのもゲモラです。なお腕はメカニカルで動くようになっています）

▶『黒い絨毯』アリ襲撃場面（どれが本物でどれが作り物かは全然分かりません、すみません）

▶『ニューヨークの怪人』予告編
（この怪物は脳みそがネオン管で発光するようになっているのがミソ。内部には役者のために酸素を供給するシステムも入っていました）

▶『宇宙船の襲来』予告編

1958年の『顔のない男の呪い』、1959年『The Four Skulls Of Jonathan Drake』、1962年『殺しを呼ぶメロ

『宇宙戦争』
宇宙人登場シーン

『黒い絨毯』
アリ襲撃場面

『ニューヨークの怪人』
予告編

ディ』、同年の『ジャックと悪魔の国』……1961年に亡くなるまで、ゲモラは映画の造形物に才能を発揮し続けました（いくつかの作品の年代が死後なのは、製作年と公開年がずれているためです）。

▶『顔のない男の呪い』予告編

▶『殺しを呼ぶメロディ』遊園地の場面
（遊園地の場面と聞くとつい反応してしまって、これを貼ってしまいました）

▶『ジャックと悪魔の国』本編（フランス語吹替）
（ゲモラの魔女は33：50から）

▶その魔女のメイクアップ風景

『宇宙船の襲来』予告編

『顔のない男の呪い』予告編

『殺しを呼ぶメロディ』遊園地の場面

10代のときにたった1人、フィリピンからサンフランシスコに渡ったチャールズ・ゲモラは本当に「小さな巨人」でした。彼は画家であり、彫刻家であり、セット・デザイナーであり、特殊メイク・アーティストで、発明家で、そして稀代の〈ゴリラ・マン〉でした。

彼はこなしたすべての仕事において突出した才能を発揮しました。残念なのは、ゲモラ自身が企画した映画がどれも実現しなかったことです。氷漬けになった太古の巨大猿人やマンモスが蘇る作品や、ジャングルの奥地で神秘的なゴリラが謎の部族と交流を持つものなど、彼が考えた映像企画はいくつもあり、詳細な絵コンテも残されていますが、それが日の目を見ることはなかったのです。

とはいえ、ゲモラの関わった映画がほとんど現存していることを我々は喜ぶべきでしょう。彼の作り上げたキャラクターや怪物、そして何体ものゴリラたちは今でもフィルムを回しさえすれば、実感を伴って生き生きと動き出すのですから。

『ジャックと悪魔の国』
本編
（フランス語吹替）

その魔女の
メイクアップ風景

あとがき

ヘンテコでクレイジーな映画は人生を豊かにしてくれます。「まえがき」にも書いたように、そういう作品には、とかく倦みがちでレイジーな精神を奮い立たせる効果があるからです。

本書で取り上げた作品のリストを見て、「言うほどヘンテコでもクレイジーでもないじゃないか」と感じる人もおられるでしょう。でも、屁理屈のように聞こえるかもしれませんが、これまた「まえがき」に書いたように「どんな映画にもそれぞれ固有のヘンテコさ」があるとぼくは信じています。クレイジーさについては……ちょっと話が別かもしれません。個別の作品におけるクレイジーさの濃淡は、ヘンテコさのそれよりずっと見えやすい指標である可能性があります。

ただ、それは比較的どうでもいい問題です。より珍奇なもの、よりレアなものを希求する心のありようを否定しようとは思いませんが、それを突き詰めていっても最終的に得られるのは寂寞感だけではないだろうか、という気持ちはあります。なぜかといえば、定量的な珍奇さへの欲求はそれ自体として「ヘンテコさを楽しむ心」がすり減っていることを前提するからです。それより、小さなヘンテコを前に「おやおや、なんてヘンテコなんだ、これは……」とビックリするような、原初的な感覚を大切にしたいとぼくは考えています。

とはいえ、観ていて本当に唖然とするような映画はまだまだ無限にあるし、本書が世にあまねく偏在する「ヘンテコ映画」のごくごく一部の、そのまた表面を軽くかすっただけに過ぎないこともまた事実です。でもそのこと自体、ワクワクするようなことです。ヘンテコの宇宙の広大さは想像を絶するものだからです。

ヘンテコな映画はまた、映画の魔術性をよく伝えるものでもあります。構造として「映画」がマジックであることは論を俟ちませんが、ヘンテコ映画はまさにそれがヘンテコであることによって、元来魔術に備わっている「いかがわしさ」や「おどろおどろしさ」、その総体としての「驚異の感覚」を惹起《じゃっき》するからです。

「驚異の感覚」すなわち〈センス・オブ・ワンダー〉はSF作品と結びつ

けて用いられることの多い言葉ですが、そのような限定的な用法にとどめておくのはいかにも勿体ないことです。ラオ博士の言葉をもう一度引用してみましょう。

「正しい目で見たとき、この世はすべてサーカスなんじゃよ。両手に砂をすくい上げるとき、そこに見えるのは砂ではない。手の中にあるのは謎であり、驚異そのものなのじゃ。立ち止まって〝ぼくは生きている、そして生きているということはなんて驚くべきことなんだろう！〟と実感するとき、君は常にラオ博士のサーカスの一員なんじゃ」

ヘンテコな映画はまさに、ラオ博士のサーカスを垣間見せてくれる「覗きからくり《キネトスコープ》」のようなものです。レンズを通した向こう側には、魔女や怪物や宇宙人やロボットやゴリラや、さまざまな怪人や、ドラゴンや海賊がいつ終わるともしれないヘンテコなパーティに興じています。

本書はガイドブックではありませんが、あるいはラオ博士のサーカスのチラシのように、ヘンテコで面白い世界への招待状となることができれば、それに勝る喜びはありません。

最後に、本書を構成していただいた三浦修一さん、また度重なる原稿の遅れにもかかわらず辛抱強く編集を続けてくださったスモール出版の中村孝司さんに心よりの謝辞を申し上げると同時に、メールマガジン『高橋ヨシキのクレイジー・カルチャー・ガイド!』愛読者の皆様にも深く感謝いたします。2016年に始めてから今日まで、なんと5年に渡ってまがりなりにも続けてこられたのは、ひとえに読者の皆様の応援あってのことです。いつも本当にありがとうございます。これからもますますヘンテコで面白いメールマガジンをお届けできるよう、誠心誠意取り組んでいくつもりです。

ヘイルサタン。

高橋ヨシキ

2021年4月　ラオ博士のサーカス小屋にて

高橋ヨシキ（たかはし・よしき）

1969年生まれ。映画ライター、アートディレクター、デザイナー、チャーチ・オブ・サタン公認サタニスト。

著書に『悪魔が憐れむ歌——暗黒映画入門』（ちくま文庫）、『高橋ヨシキのサタニック人生相談』（スモール出版）、『高橋ヨシキのシネマストリップ 戦慄のディストピア編』『高橋ヨシキのシネマストリップ』（共にNHKラジオ第1「すっぴん！」制作班・編／スモール出版）、『ヨシキ×ホークのファッキン・ムービー・トーク！』（てらさわホーク・共著／イースト・プレス）などがある。

ヘンテコ映画レビュー

ODD CINEMA REVIEW by Yoshiki Takahashi

発行日　2021年5月27日　第1刷発行

著　者　高橋ヨシキ

編　集　中村孝司（スモールライト）、三浦修一
デザイン&イラスト　うとまる（THINKER）
ＤＴＰ　室井順子（スモールライト）
校　正　芳賀恵子

発行者　中村孝司
発行所　スモール出版
〒164-0003　東京都中野区東中野3-14-1 グリーンビル4階
株式会社スモールライト
TEL 03-5338-2360 / FAX 03-5338-2361
E-mail books@small-light.com
URL http://www.small-light.com/books/
振替 00120-3-392156

印刷・製本　中央精版印刷株式会社

Printed in Japan
ISBN978-4-905158-98-1